다산문화시리즈 07

일수와 마현

글 윤종일 · 임병규 | 사진 심례정

경인문화사

차례

'與猶堂' 당호

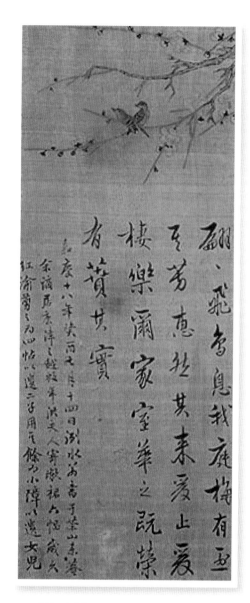

다산 정약용의 매조도(고려대학교 소장)

다산 정약용 선생 동상

여유당 표석

다산문화관 / 다산 거리

다산 정약용 묘

독도 ⓒ 이덕범

南荷唱酬集序

人莫不有友然友文藝者有時乎爭其技能起釁於隻字一句之工拙而
不保其好友或節者有時乎猜激相高貳意於升沈詬信之際而不保其
好友道學者或緣經義之甲乙或緣禮論之柄繫訟紛然終成仇隙者
尤不可勝計噫德行之友其始也交相愛慕其久也翕然若漆終之若金

石隱海而不可耀焉故其爲友至艱而既友無變此可謂君子之友也昔
先子孤居鄉里不樂交結年幾四十而無友焉得一友焉而韓居之所
語諸弟曰是吾友也吾今而後得一友焉而韓公之所以語其親者亦如
此自是以來凡有疾病憂戚其相扶持相憐也蓋將三十年而韓公遷
之沒而又與吾諸父友如昆弟擁吾昆弟姪者又四五年而先子先逝道先子
嗚呼友如是盡之突蓋韓公孝子也其事親有深愛先子之所取乎韓公
者以此而韓公之所以友先子者亦登異是哉雖於是知德行之友無變
也孟子曰一國之善士斯友一國之善士者可謂一國之善士也
先子解官家居每有使至漢陽輒寄所作詩求和韓公亦如之久而爲
編名之曰南荷唱酬集此其編也嗚呼至突先子自號荷石.

정약용 선생의 부친 정재원과 한경선 간에
화답한 시를 묶어 책으로 만든 남하창수집의 서문

열초 정약용이 어렸을 때부터 독서를 위해 오르내렸던 수종사 ⓒ김준호

다산이 뛰어놀던 초천

나주 정씨가 살던 마현부락에 세워진 다산 유적지

현재 족자도로 불리는 람자주

박문수의 옛집(松亭)은 사라지고
오직 낙락장송 한그루 만이 유지를 지키고 있다.

열수가 낳은 열초 정약용(1)

다산 정약용 선생 동상

열초 정약용이 태어나고 또 생을 마감한 곳인 경기도 남양주시 조안면 능내리 마현 마을은 팔당댐 호수가에 자리 잡고 있다. 이곳은 북한강洌水과 남한강濕水이 합쳐지는 지점洌水으로 열초는 이 강변을 아껴 스스로를 열수洌水 또는 열상노인洌上老人으로 자호字號하기를 즐겼다. 여러 작은 지류가 모인 두 가닥의 큰 강줄기가 만나는 열상洌上의 의미는 어쩌면 열초의 사상적 성격과 깊은 연관성을 암시해주고 있다. 열초는 조선 후기 사회에서 유학의 도학적 전통 속에 자랐지만 양명학도 고증학도 서학西學도 받아들여 사상적으로 큰 강하江河를 이루었던 것이다.

마현 마을 산 위에 있는 '문도공 다산 정약용 숙부인 풍산 홍씨 지묘'의 묘비명에 "여기 우리나라 신문화 여명기에 눈부신 샛별 다산 정약용 선생이 누워 계시다. 선생은 당대 실학을 집대성하였을 뿐 아니라… 선구자로서 겨레의 앞길에 횃불을 밝혀주셨다…. 평생 5백여 권의 저술을 총 정리한 여유당전서는 다산 실학의 거맥을 이룩하여 근세 개화의 열쇠가 되게 하니 우리 역사 있은 이래 선생만큼 찬영웅대한 문운을 개척한 이는 없다 이른다."라고 기록되어 있다.

열초 정약용의 일생은 대체로 4기로 나눌 수 있는데, 제1기는 성장 수학기, 제2기는 국왕 정조의 은우를 받으며 현실정치를 혁신해보려 꿈을 펼치던 관료시기요, 제3기는 신유사옥辛酉邪獄에 연루되어 강진에서 귀양살이를 하던 시기요, 제4기는 고향인 마현 마을로 돌아와 1836년 75세의 나이로 생을 마감 할 때까지 은거하던 시기이다.

그는 경기도 광주군 초부면 마현리(현 남양주시 조안면 능내리)에서 태어나 어려서는 주로 부친으로부터 경사經史와 시문詩文을 직접 배웠다. 본관은 압해押海이며 남인南人 가문으로 5대조 시윤(時潤; 1646-1713)이 갑술옥사甲戌獄事 때 물러난 후 마현 부락으로 옮겨 3대가 모두 포의布衣로 일생을 마쳤다. 부친 재원載遠 대에 비로소 출사하였으며 재원은 진주목사까지 지냈다. 열초는 16세 되던 해 호조좌랑인 부친을 따라 상경하여 성호 이익李瀷의 증손자로 그의 실학을 계승한 이가환李家煥과 자형인 이승훈李承薰의 직접적인 지도를 받으면서 이익의 실학實學을 접하였고 이때부터 경세학에 뜻을 두게 되었다.

이후 열초는 지방관을 역임한 부친을 따라 전국 각지를 옮겨 다녔다. 이 시기에 그는 당시 민생의 실태를 직접 보고 또 부친의 목민방법을 견학할 수 있었으며, 그 경험은 훗날『목민심서』를 저술하는 데 기초적인 바탕이 되었다.

1783년(정조 7) 22세의 나이로 증광생원시增廣生員試에 입격하면서 열초의 제2기는 시작된다. 그는 이때부터 성균관에서 독서하며 여러 차례 반제에 뽑혀 정조의 총애를 받았다. 23세 때에는 마현과 두미협斗尾峽 뱃길에서 이벽李蘗을 통하여 서양서적을 얻어 읽기도 하였다. 이어서 1789년(정조 13)에는 문과에 급제하였으며 당시 좌의정인 이성원李性源의 추천으로 규장각 초계문신抄啓文臣으로 선발되었다. 이듬해에는 예문관 검열이 되었으며 사간원 정원, 사헌부 지평, 홍문관 수찬 등을 지냈고, 형조참의, 동부승지에 여러 차례 보임되었다. 또 규장각에서

일하면서 당시 과학기술의 개발을 강조하는 북학파 학자들과도 교유할 수 있었다. 여기서 얻은 과학기술에 대한 지식을 바탕으로 1792년(정조 16)에는 수원성 축성에서 성제城制와 축성기기에 대한 기술문제를 담당하여 성제에 관한 여러 가지 도설을 짓고 거중기擧重機, 평차平車 등을 이용하여 공사 기일을 단축하고 막대한 자금을 절약하였다. 이외에 금정찰방金井察訪, 곡산군도호부사谷山郡都護府使, 경기암행어사 등 외직에 여러 차례 보임되어 지방행정의 실제 경험을 쌓기도 하였다. 특히 그가 당시 질곡에 가득찬 사회 현실에 눈을 뜨게 된 것은 33세 경기 암행어사 시절이었다.

열초의 제2기는 정조가 탕평책蕩平策을 표방하고 정국을 이끌어 가던 시기였다. 정조는 영조대英祖代에 정국을 주도하던 탕평당蕩平黨이 새로운 교목세가喬木世家로서 환척宦戚과 연결되면서 권력을 집중시켜 탕평의 의미가 없게 되었음을 반성하고, 자기의 왕권강화에 크게 기여한 홍국영洪國榮이 누이 홍빈洪嬪을 이용하여 환척정치를 시도하자 그마저도 제거하였다. 그 대신 정조는 청의淸議를 주장하는 노론老論 청류淸流를 자신의 정권의 중심으로 삼아 정국을 운영하려 하였으며 권귀와 환척의 배제를 주장하는 남인청류南人淸流를 흡수하여 탕평정치를 실시하였다.

청의를 중시하는 세력을 중심으로 탕평정국을 운영하면서 정조는 이들의 지지를 확보하기 위하여 영조 대의 청요직 혁파정책을 파기하고 우문정치右文政治를 표방하면서 청요직을 재건하였다. 정조대 우문

정치를 대표하는 규장각奎章閣의 운영과 초계문신제抄啓文臣制의 실시는 정조의 정책을 뒷받침하는 친위적 학자군을 양성하여 국왕이 사상계까지 장악하고 국왕 중심으로 정국을 운영하려는 시도였다고 이해된다.

또 정조는 장용영壯勇營 등 친위 군영을 설치하여 왕권의 군사적, 경제적 기반을 더욱 확고히 하려 하였다.

이러한 정조대 탕평정국은 노론 청류세력이 중심을 이루고 있었지만 이들 못지않게 남인의 진출도 활발하였다. 남인의 대표적인 인물로 채제공을 들 수 있다. 그는 영조 대에는 세손(世孫; 정조)의 보호에 진력하였고 정조 즉위 후에는 약간의 부침을 겪었으나 1788년(정조 12) 우의정에 임명되었다. 이어서 좌의정, 영의정을 거치면서 장용영 제도 정비, 수원성 축성, 규장각 운영의 정상화 등에 힘써 정조의 탕평정책과 왕권강화책을 크게 뒷받침하였다.

채제공의 이 같은 활동은 남인들의 정치적 지위를 격상시키는데 크게 기여하였고 많은 남인들이 태평정국에 참여할 수 있게 되었다. 그 가운데 이가환李家煥이 채제공의 후계자로 지목되고 있었고 정약용은 그 뒤를 이을 신진사류로 성장하고 있었다.

이러한 분위기 속에서 열초는 서학교도西學敎徒라는 비방과 남인 세력의 득세를 꺼리는 노론의 방해 등으로 여러 차례 유배되고 지방관으로 좌천되는 등 어려움도 있었으나 문장이 뛰어나고 행정실무 및 과학기술 분야에 재능을 보여 정조의 보살핌을 받으면서 남인의 다음

여유당 표석

단계의 중심인물로 인정되고 있었다.

그러나 1800년 열초가 39세 되던 해 일어난 정조의 승하와 순조의 즉위, 1801년 일어난 신유사옥은 그의 일생에 큰 획을 긋게 되었다.

순조대의 정국은 즉위 직후에는 노론 벽파의 척족정치가 성립되었다가 시파계인 안동 김씨 김조순 등의 척족정치로 변화하였고 그 후의 정치행태는 이른바 세도정치勢道政治라 지칭한다. 순조가 어리다는 이유로 영조의 계비 김씨(정순왕후)가 수렴청정을 하게 되자. 권력을 장악한 노론벽파세력은 정조 때 득세하던 시파세력과 남인들을 제거하기 위하여 신유사옥을 일으켰다. 정조 재임시에 목소리가 높아진 진보세력과 유교의 윤리를 위협하고 들어오는 천주교, 크고 작은 농민반란으로 위기의식을 느낀 안동 김씨의 집권세력이 천주교를 빙자하여 피비린내 나는 숙청을 감행한 것이다.

신유사옥으로 시파인 홍락임(정조의 외척)을 비롯하여 남인인 이가환, 다산의 형 정약종, 권철신, 이벽 등이 처단되고 그 외에 남인과 시파계 인사들이 처형 또는 정배되었다. 이어 정조대 남인의 영수였던 채제공도 사학에서 축출되었다. 열초도 이때 경상도 포항 장기에 유배되었다가 다시 전라도 강진으로 이배되었다. 당시 열초의 나이 40세였다. 태백산맥에서 남서쪽으로 내리달린 소백산맥줄기가 바다에 잠겨 드는 곳인 강진의 만덕산과 귤동마을 부근에는 지금도 열초의 흔적들이 흩어져 있다. 강진만을 내려다보는 만덕산 아래 10여 채가 옹기종기 오여 있는 귤동에는 열초의 유배시절 제자들의 후손이 아직 살고 있다고 한다. 열초는 한반도의 남쪽 끄트머리 궁벽한 해안 농촌마을에서 18년의 풍상을 겪으면서, 자신의 관료생활의 경험 및 유배지에서의 농촌생활의 체험을 토대로, 당시 사회의 현실을 비판하고 전 국가사회 체제의 개혁을 주장하는 5백 권이 넘는 대저작을 남겼다. 유형기간은 실로 그를 실학의 대성자로 우뚝 서게 한 연찬의 시기였던 것이다.

[http://남양주타임즈 2006.10.19]

열수가 낳은 열초 정약용(2)

다산문화관 / 다산 거리

그는 조선 후기 "터럭 한끝에 이르기까지 병들지 아니한 것이 없는" 현실을 "지금에 와서 고치지 않으면 곧 나라가 망하고 말 것"이라는 신념 하에서, 방대한 현실개혁론을 제시하기에 이른다. 그리고 그는 "개혁을 가로막는 자가 문득 말하기를, 조종의 법이니 고칠 수 없다고 하지만, 그러나 조종의 법이란 것도 많이는 개국 초기에 만든 것인데…… 개국 초기에는 법을 고치는 것이 아니라 잘못된 폐속을 그대로 아 떳떳한 법으로 삼는 것이 고금의 한결같은 병통"이라고 인식하고 있었다. 여기 열초의 눈에는 현실이 결코 주자학적 조화와 통일의 사회론으로서는 해결할 수 없는 모순, 갈등의 병폐로 가득 차 있으며, 그것을 구제하는 방법은 국초 이래 잘못되어온 악법을 고쳐 현실을 개혁하는 길뿐이라고 인식하고 있었음을 알 수 있다. 즉 그는 기득의 특권을 향유해가는 집권층, 벌열층의 입장에서 현실을 대한 것이 아니라, 그 통치의 질곡 하에서 병들어 가는 농공상인과 같은 피지배층의 입장에서 현실을 직시하고 있었으니, 이 현실을 인식하는 입장의 전환이 곧 그의 인식체계의 전환을 가져오게 한 가장 기본적인 것이었다.

그래서 그는 우선 나라가 다 망하지 않도록 보존해 가는 방안으로 지방행정 개혁책을 『목민심서牧民心書』에서 강구하는 한편, 모순에 찬 현실 국가 지배체제를 전면적으로 개혁하여 이상적인 왕정을 실현하려는 원대한 구상아래 『경세유표經世遺表』를 저술하였다. 실로 『경세유표』는 "나라를 경영하는 제도에 대해서 현재의 운용에 구애받음이 없이 기본을 세우고 요목을 베풀어 그것으로써 우리 구방을 새롭게 하자는 생각에서" 저술한 것이었다. 그리고 『흠흠신서欽欽新書』에서는 형정刑政의 쇄신을 피력하고 있다. 이같은 자신의 사회개력론의 핵심을 담고 있는 "1표 2서는 이로써 천하 국가를 다스리고자 하는 것"이라고 하였다. 특히 그가 유배에서 해제되기 바로 전해인 57세 때 1년 만에 완성한 『목민심서』48권은 지방관리가 취임부터 해임까지 지켜야 할 각종 행정업무에 대한 지침을 자세하게 적고 있다. 그는 『목민심서』에서 "백성은 흙으로 밭을 삼는데 이서吏胥는 백성으로 밭을 삼아서 살을 긁어내는 것으로 농사를 삼고 백성의 재물을 가렴주구하는 것으로 추수를 삼는다"고 하는 등 지방관의 탐학과 사회경제구조에 대한 맹렬한 비판을 가하고 있다. 그래서 이 책들은 당시에는 금서였고 필사본들이 나돌며 읽혔다고 한다.

열초가 유배지에서 쓴 책들은 의학·역학·물리·기계·대수·천문·지리·역사·법률·정치·경제·군사·언어·문학 등을 망라하고 있다. 그는 그중에서도 농업을 중시하여 환곡제 철폐, 군포법 철폐, 사유토지의 공유화 등 농정개혁안을 제시하였다. 열초의 농업개혁론은 농법의 개선과 집약적 소농농업의 정착을 통하여 농업생산력을 늘리고 소농민층을 안정시키고자하는 데에 그 역점을 두고 있었다. 여기서 기본적으로 전제가 되는 것이 당시 생산수단의 가장 보편적 원천을 이루고 있던 토지문제였으니 그의 관심은 토지개혁론으로 집중되어 있다. 열초의 토지개혁론은 균전론의 일종인 여전론閭田論으로 먼저 제시되었다. 여전론은 그가 38세로서 아직도 정조의 지우를 받으며 관직을 살고 있을 때의 저술이었다. 여전론의 핵심은 모든 토지를 국유로 하되 이를 자연적인 지형에 따라 취거하고 있는 마을 즉 여閭를 단위로 하여 그 속의 모든 농민들이 공동으로 경작하고 공동 수확하며 공동 분배한다는 내용이었다. 여전론은 가장 철저한 토지개혁론이라 할 수 있으니, 토지 국유의 원칙은 곧 철저한 농민의 공동소유를 그 내용으로 한 것이었다. 이것은 당시로서는 실현가능성이 매우 희박한 이상주의적인 개혁론이었다고 할 수 있다. 열초는 그 후 유배생활에서 저술한 『경세유표』 속에서 다른 하나의 토지개혁론인 정전제丁田制를 피력하였다. 정전제의 핵심은 현실의 지주제를 감안하여, 국가는 지주제를 갑자기 타파할 것이 아니라 수십 년 수백 년을 두고 지주로부터의 매입 또는 기증을 통하여, 그리고 우선은 지주로부터의 차지를 통하여 토지의 국가적인 관리를 성취하되, 곡물 과수 목축 등 농업을 분야별로 전업화하고 개별 농민들에게는 전문적 지식이나 능력에 다라 토지를 급여한다는 내용이었다. 그래서 개별농민이 지급받은 토지에 대해서는 사적 점유가 인정되며 또한 거기에서의 사적 생산 활동과 사적 경영이 허용된다는 것이었다. 열초는 이 같은 토지 개혁론을 통해 궁극적으로는 자립적인 자영농을 육성하여 국가와 농민을 모두 부유하게 만들자는 것이었다.

이상에서 살펴보았듯이 열초는 귀양살이를 귀양살이로 생각하지 않고, 도리어 이를 학문적 자기완성의 기회로 삼았을 뿐만 아니라 그의 학문세계의 폭을 더욱 넓혀 갔던 것이다. 그의 제 3기인 유배시절은 그의 인생에서 가장 값진 시절이었다고 할 수 있다.

그 후 일단 정권을 안정시킨 시파계 안동 김씨 세력은 신유사옥 등으로 순조 초년에 정배되었던 죄인들을 대부분 석방하는 조치를 취하였다. 이러한 분위기 속에서 1810년(순조 10) 열초의 맏아들 후상(厚祥; 學淵)이 순조의 능행길에 열초의 석방을 요청하여 향리방축鄕里放逐이 결정되었다. 또 1814년(순조 14)에는 열초의 죄명에 대한 정계停啓가 이루어졌다.

그러나 당시에는 반대파 인물들이었던 이기경, 홍명주, 강준흠 등의 반대로 석방은 이루어지지 않았고 열초는 1818년(순조 18)에야 비로소 향리에 돌아올 수 있었다. 향리로 돌아온 열초는 한두 차례 입사의 기회가 있었으나 여의치 못하였고 여러 학자들과 교류하면서 자신의 저작들을 『여유당전서』로 정리하는 한편, 경학 연구에 전념하면서 1836년 75세 나이로 생을 마쳤다. 그가 환갑을 맞아 스스로 지은 묘지명에 "알아주는 자 적고 비방하려는 자 많으니 만약 천명이 이를 받아들이지 않는다면 한 줌의 불쏘시개로 불태워버려도 좋다"고 하였듯이 선각자다운 그의 고민을 살필 수 있다.

실학의 집대성자로 일컬어지는 열초 정약용이 활동한 시기는 18세기 후반에서 19세기 초반에 이르는 시기로 정치 경제 사회 전반에 걸쳐 중세적인 지배질서가 해체되어 가고 있던 시기였다. 그 같은 변천을 야기시킨 동인으로는 조선 후기 농업생산력의 발전, 토지 소유관계의 변천, 상품화폐 경제의 진전, 사회신분제의 동요 및 지배층의 분화 분열현상을 들 수 있다. 이같은 역사적 현실의 변천자체와 여기에서 비롯되는 사회 구조적 제모순을 가장 첨예하게 인식하였던 열초는 정치·경제·사회 전반에 걸친 현실개혁론을 제시하였던 것이다. 그러나 열초의 현실개혁론은 그 후 우리역사의 전개과정에서 반영되거나 실현된 적이 없었다. 열초는 자신의 개혁론을 가리켜 "성인聖人의 경전에 근본을 두고 시의時宜에 맞도록 힘썼으나, 없어져 버리지 않는다면 혹 취해서 쓸 사람이 있을 것"이라고 은근히 기대해 보았으나 그것을 취해서 국정에 써본 자는 아무도 없었다. 열초가 통렬하게 분석해낸 당시 국가 사회체제의 여러 모순상은 극복되거나 지양되지 못한

다산 정약용 묘

채 전개되기에 이르렀고, 그는 현실개혁론은 이제 빛바랜 과거의 문자로나 남아 있을 뿐이다.

끝으로 열초 자신의 자찬묘지명의 마지막에서 써놓은 자신의 생애에 대한 소회를 음미해보며 그의 삶과 긍지를 되새겨보고자 한다.

왕의 총애를 한몸에 안고서는
궁궐의 가장 은밀한 곳에서까지 모셨으니
정말로 임금의 심복이 되어
아침저녁으로 참으로 가까이 가 섬겼도다.

하늘의 총애로 타고난 바탕은
못난 충심을 갖게 해주셨기에
정밀하게 육경을 연구해내서
미묘한 이치로 해석해 놓았노라.

간사하고 아첨하는 무리들이 세력을 잡았지만
하늘은 버리지 않고 옥과 같이 곱게 성장시키려 하였으니
시체를 잘 거두어 꼭꼭 매장해 둔다면
앞으로 높이 높이 멀리까지 들추리라.

열초 정약용의 매조도

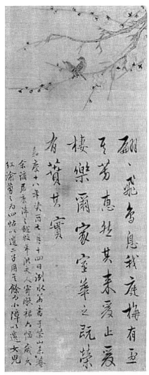

다산 정약용의 매조도梅鳥圖
(고려대학교 소장)

열초 정약용의 '매조도梅鳥圖'는 열초 특유의 행서체로 '제화시'를 넣고, 시詩 옆의 후기에 "가경嘉慶 18년 계유년癸酉年 7월 14일에 열수옹洌水翁이 다산동암茶山東菴에서 쓰다(嘉慶十八年癸酉七月十四日洌水翁書于茶山東菴)"라고 적고 있어 이 그림이 1813년(순조 13) 그의 나이 53세 때에 강진에서 그려졌음을 알 수 있다. 따라서 어떤 의미에서 열초 정약용의 작품으로 추정되는 5편의 '산수화'들이 모두 제작년도를 확인할 수 없는 추정작들임에 비해, 이 작품만 유일하게 열초의 진작眞作임과 동시에 그 제작연유를 확인 할 수 있는 가장 중요한 작품이라 할 수 있다.

주지하듯이 화조화花鳥畵는 상징적 의미와 장식적인 성격 때문에 어느 시기에나 감상화로서만이 아니라 실용적인 목적으로 꾸준히 제작되어 왔다. 더구나 조선 후기는 부농층의 출현과 상업 자본의 성장으로 인한 막대한 부가 축적되고 있던 시기로 이러한 사회 변화를 바탕으로 화조화花鳥畵 역시 심사정과 같은 이들을 필두로 다양한 양상을 보이면서 전개되었다. 더구나 산수화보다 소재나 기법, 표현 형식에 구애를 받지 않았던 화조화는 자기가 흥미를 느끼는 대상을 자유로이 선택하여 그릴 수 있는 화목이었고, 화조화 역시「화보」를 통해 새로운 형식, 즉 조선중기의 수묵화조화水墨花鳥畵 경향에서 담채를 보다 적극적으로 사용하고 섬세한 필선과 몰골법을 특징으로 하는 화조화풍이 크게 유행하였다.

열초의 '매조도'는 그 형식으로 보아 조선후기 이래「화보」를 통해 유행했던 화조화 형식을 따른 것이다. 매화가지로부터 화판花瓣, 봉오리에 이르기까지 담묵淡墨의 세필로 일일이 윤곽을 그려 넣었고, 꽃가지의 치밀하고 착실한 묘사, 담홍淡紅, 담록淡綠, 갈褐, 호분胡粉 등 설채設彩는 일부 퇴색하였으나, 우리의 향토색鄕土色 짙은 온화하고 맑은 기운의 잔흔을 남기고 있다. 매화나무 아래 가지 중앙에 배치된 2마리의 새 역시 단아하고 시정있게 표현되었다. 또한 7월에 그린 봄날의 매화 그림이라 사생보다는 상징적인 사의로 구성된 작품이지만, 그럼에도 오래도록 관찰하고 사생하여 그린 듯한 익숙한 필치가 독창적인 묘사와 구도를 돋보이게 한다. 전체 화폭의 1/3 가량의 상단 화면에 매조를 그렸고, 그 하단 2/3 가량의 화면에 열초 특유의 행서체로 시와 발문을 적어 넣은 구도이다. 어찌보면 그림보다도 제화시題畫詩 자체가 화면의 주가 되어 있는 작품이라 볼 수 있다. 이 작품을 만들게 된 연유를 열초는「제하피첩題霞披帖」에 '내가 강진에 유배살이 하고 있을 적에 병든 아내가 헌 치마 다섯 폭을 보내왔다. 아마 그가 시집올 때 입고 왔던 분홍색 치마였나 본데 붉은 색깔도 이미 바랬고 노란색도 엷어져 가는 것이었다. 바르고 곱게 장정된 책을 만들려고 가위로 재단하여 소첩小帖을 만들었다. 손이 가는 대로 경계의 말을 지어서 두 아들에게 보낸다.(余謫居康津之越數年 洪夫人寄縹裙六幅 歲久紅歜 剪之爲四帖以遺二子 用其餘爲小障 以遺女兒)' 라 적고 있다.

부인이 보내온 시집올 때 가져온 빛바랜 헌치마를 이용하여 두 아들에게 보낼 소첩을 만들고, 그리고 남은 치마폭으로 매조를 그려서 초당의 제자 윤창모에게 시집간 딸에게 소품을 만들어 딸에게 보낸 선물이었던 것을 알 수 있다. '매조도'의 시詩 내용은 아래와 같다.

훨훨 새가 날아와, 우리집 마당 매화나무에 앉았네

(翩翩飛鳥 息我庭梅)

짙은 향기에 이끌려, 흔연히 찾아 왔으니

(有烈其芳 惠然其來)

여기에 멈추고 이곳에 깃들어, 함께 집짓고 즐겁게 살자구나

(奚止奚樓 樂爾家室)

꽃이 핀 다음에는, 열매도 가득 맺으리

(華之旣榮 有蕡有實)

이로 보면 '매조도'는 열초가 사실적인 필치의 화조화에 아취 어린 시를 적어 넣고 있으니 일견 「시화詩畵」라고 해도 무방하거니와 그것도 열초의 대표적인 서법의 글씨가 화면 2/3의 공간을 점유한 것을 고려하면 또 서예작품이라 하더라도 무방하다. 이로 볼 때 열초가 한때 시詩·서書·화畵 삼절 소리 듣는 것을 기대했던 적이 있었다고 한 고백이 헛말이 아니었음을 이 '매조도' 한 점이 역설적으로 증명하는 듯도 싶다.

특히 청초한 아름다움과 굽힐 줄 모르는 정신의 상징인 매화는 북송의 은사隱士로 20년간이나 매梅와 학鶴과 더불어 살며 시정市井에 내려오지 않았다고 전해지는 시인 임포(林逋; 967-1028) 이후 문인들에게 크

게 사랑받았던 소재이다. 한국에서는 고려 때부터 널리 그려져 온 것으로 추정된다. 매화가 새鳥나 대나무竹 등 다른 소재와 함께 그려지는 것은 조선 중기의 작품들에서 흔히 볼 수 있는 것이지만, 조선 후기의 매화도에서는 잘 보이지 않는다고 한다. 이런 견해에 비추어 볼 때 다산의 '매조도' 역시 조선 중기 이래의 화조화 전통에 새로운 화풍을 가미하여 그려진 그림으로도 추정해 볼 수 있겠다.

그런데, 상징으로서의 '매화'가 지니는 문인 사의성에 반해, 그림으로서의 '화조화'와 관련하여 매우 흥미로운 기록이 있다. 『경국대전經國大典』「예전禮典」의 '취재取才'조에 의하면 도화서의 화원들을 시험을 통해 선발할 때 '화초花草'는 4등급으로 분류되어 있어 잘 받아야 2분을 넘지 못했으며, 이것은 2등급인 '산수山水'의 보통작품 점수인 3분보다도 낮은 것이어서 화원들은 자연히 죽竹이나 산수山水 등 높은 등급의 과목을 선호했다고 한다. 무릇 이같은 화목畵目에의 점수제란 것이 전근대적 봉건사회의 특성에서 비롯된 것이겠지만, 그것이 법제에 규정될 정도의 등급이고 보면 아마도 화조도는 조선의 문인들에게 그리 폭넓게 수용되지 못했던 듯싶다.

더욱이 열초 이후 조선 말기 회화사의 서막을 연 문인화가로 추앙받고 있는 추사 김정희(金正喜; 1784-1856)를 생각해볼 때 더욱 그러하다. 열초 이래 20여년 이후 추사 김정희로 대별되는 조선말기 회화사의 귀결점이 어떤 면에서 실로 문인지상주의적인 관념적 문인화의 한 전형 보여주면서 그 화풍畵風의 뿌리를 내리고 있다면, 열초는 화원들에게도 일견 환영받지 못했던, 어쩌면 당시 서민문화의 풍토에서나 그 상징성과 장식적인 실용성으로 더욱 아낌을 받았을지 모를 '화조화'에 자신의 소담하고 아취어린 필치의 그림솜씨와 시詩의 기재奇才로서의 자신의 문기어린 시詩 한수와, 그리고 자신만의 독특한 서체書體까지 한 화폭에 정성스럽게 모아서 남겨놓고 있다는 사실이다. 그리고 이 같은 회화사적 현상을 또 어떻게 설명할 수 있을지를 생각해볼 때 열 초의 '애민사상愛民思想'의 일면을 이 '매조도'가 보여주는 것은 아닌가 하는 여운을 남기는 작품이다.

[http://남양주타임즈2007.2.22]

암행어사 박문수의 고택지古宅址 발견

박문수 고택지에 음식점이 들어섰다

1987년 봄 필자는 조안면 능내리 마현마을을 답사하였는데 촌노(성명 미상) 한 분으로부터 박문수朴文秀의 집터 이야기를 들은 바 있었으나 별로 대수롭지 않게 흘려보낸 일이 있다.

그 이유로 첫째 마현마을에는 누대를 나주 정씨羅州丁氏가 살아왔고 현재에도 살고 있는 반면 고령 박씨의 후손들이 부재不在하다는 점과 둘째 나주 정씨 입향조入鄕祖로 병조참의를 지낸 정시윤(丁時潤; 1646~1713)은 남인南人이며, 박문수는 서인(西人; 少論)이었기 때문에 극단적 대립관계의 인사가 한 마을에 동거한다는 것이 납득하기 어려웠기 때문이다.

정시윤의 입향入鄕시기는 1694년 3월(숙종 20) 남인 일파가 몰락한 갑술甲戌 옥사가 일어나 소론이 정권을 장악할 때와 1698년(숙종 24) 잠시 세자시강원 필선으로 복직되었다가 파직될 때가 아니면, 1708년(숙종 34) 전국적으로 홍역과 나병이 창궐하여 수 만명이 죽고 같은 해 5월 큰 한해旱害로 인하여 농사를 망친 일로 인하여 9월 조정에서는 백성에게 양곡 방출을 의논하기에 이르렀다.

이때 정시윤은 숙종으로부터 노여움을 사서 파직되고 말았다.

그러므로 정시윤의 마현마을 입향은 1708년에 무게를 두고 싶다. 그리고 5년 후 1713년 졸하게 된다.

박문수의 입향에 관하여 년보年譜를 옮겨 보면 1751년(영조 27) 그가 61세 되던 해 4월에 배를 타고 초천苕川에 갔다. 자신이 노후 전원생활을 할 곳을 늘 생각하던 차에 1650년 나랏일로 관동에서 돌아오는 길에 보아 둔 초천이 생각나서 당도하여 보니 이미 정씨丁氏 일문이 마음이 즐겁고 평화롭게 살고 있었다.

이상에서 볼 때 박문수의 입향은 정시윤의 증손되는 정지해(丁志諧, 1712~1756), 즉 열수洌水의 조부 때 일이다.

여기에 열초 정약용의 임청정기臨淸亭記를 분석하여 보면 병조참의 정시윤 공이 죽은지 60여년이 지난 후 판서 박문수가 정시윤이 초천에 지은 '임청정'이 탐이나서 많은 돈을 주겠다고 꾀어 마침내 박씨의 소유가 되었다고 기록하였는데 박문수의 입향년은 1751년이므로 정시윤 사후 60년이 아니고 38년으로 고쳐져야 한다.

박문수는 고령 박씨로 자는 성보成甫, 호는 기은耆隱, 이조판서 박장원(朴長遠; 1612~1671)의 증손이며, 영은군靈恩君 박항한(朴恒漢; 1666~1698)의 아들이다. 어머니는 경주 이씨로 영의정을 지낸 백사白沙 이항복의 고손녀高孫女이며, 아버지는 공조참판 이세필李世弼이다.

부인은 청풍 김씨淸風金氏로서 우리 남양주 삼패리(현 삼패동) 평구마을 유택이 있는 영의정을 지낸 잠곡潛谷 김육金堉의 고손녀이며, 청풍부원군 김우명金佑明의 증손녀이니 이분의 따님은 현종비顯宗妃이신 명성왕후明成王后이고, 숙종임금의 외할아버지가 된다. 장인은 목사를 지낸 김도협金道浹이니 외가를 보나 처가를 보나 당대 최고 명문가로 꼽힌다.

박문수는 1723년(경종 3) 증광문과에 병과로 급제하여 예문관 검열고 발탁되고 그 뒤 세자시강원설서, 병조정랑이 되었으나 1924년(영조 즉위년) 노론이 집권하면서 삭탈 되었다가 1727년 7월(丁未換局)에 소론이 집권할 때 사서로 등용되고 그 길로 암행어사에 발탁되니 박문수가 훑고 지나간 곳(영남지방)은 부정과 비리가 발본색원되고 산천초목이 떠는지라 이때 얻은 별칭이 어사 박문수로 통하였다.

1728년 3월 소론의 거두였던 김일경金一鏡의 잔당인 이인좌李麟佐 등이 효종孝宗의 증손인 밀풍군密豊君 탄坦을 왕으로 추대하여 세도를 얻고자 무신란戊申亂을 일으켜 청주성淸州城을 점령하고 승리를 거듭하여 한양으로 북상 중이었다.

영조는 긴박하게 대응하니 도순무사에 오명항(吳命恒; 1673~1728)을, 박문수를 종사관으로 하여 안성까지 올라 온 반란군을 3월 24일 완전 소탕하여 분무공신奮武功臣 2등에 책록되고, 영성군靈城君에 봉해졌다.

같은 해 영안에 이어 충청도 암행어서로 나가 기아에 허덕이는 백성을 구제하는데 힘을 기울이니 만백성이 어사 박문수를 칭송하였다.

그 후 병조, 호조, 예조판서를 거쳐 1752년 왕세손이 죽자 책임추궁을 당하여 제주도로 유배 후 다음해 우참찬에 올랐다.

1742년 함경도 진휼사로 나갔는데 진휼사의 임무는 흉년으로 기아에 어려움을 겪고있는 백성들을 도와주고 해결하여 주는 직책인바 이때 경상도의 곡식 1만섬을 실어다 기민하였다. 함경도 백성들은 송덕비를 세워 주기도 하였다.

다음은 정문丁門과 박문朴門의 입향에 관하여 열수洌水의 임청정기臨淸亭記를 전재하여 참고하고자 한다.

'임청정기臨淸亭記'

옛날 100년 전에는 소양강이 고랑皐狼아래에 이르러 동쪽 남주濫洲의 북쪽을 남한강南漢江으로 들어갔다. 남강의 물살은 빠르고 거세어 곧장 서쪽으로 달려 반고盤皐의 아래에서 합쳐졌다. 그래하여 홍수가 질 때마다 반고는 물에 잠기므로 사람들이 그곳에 살지 않았다. 그 뒤에는 소양강 물이 아래쪽 부암(鳧岩:물오리 바위)의 남쪽에 이르러 비로서 남강과 만나 남강의 거센 물상을 밀어내어 물리쳤다. 물은 귀음龜陰의 강기슭을 지나 석호石湖의 동쪽에 이르러 비로서 이어져 서쪽으로 향하게 됨으로 이때는 반고가 높이 솟아 있게 됨으로 촌락이 형성되었다. 이것이 초천이 생기게 된 역사이다.

숙종 만년에 나의 5대조 할아버지 병조판서 정시윤(丁時潤; 1646~1713)공께서 상소하여 양곡 방출을 애원한 일을 가지고 논의 하다가 숙종의 노여움을 사서 벼슬에서 물러나게 되었다. 이때 열수(두물머리)의 물가를 따라 노후에 살만한 곳을 구하다가 초천의 위쪽에 이르러 반고를 발견하게 되었다. 반고의 주인이 있는지를 물었으나 주인은 없었다.

산아래 사는 주민들을 찾아가서 그들을 깨우쳐 말하기를 "이 반고는 하늘이 나에게 내려준 것이다. 그렇다고 그저 차지할 수는 없는 노릇이니 먼저 살고 있는 너희들이 곧 주인이 되는 것이다."하고 말다레(말의 안장에 길게 늘어트린 천)을 벗겨 그들에게 주고 그 땅을 얻었다.

그 땅의 형세를 살펴보니 동쪽에는 두물이 새로 모여 여울이 잔잔하지 않고 서쪽에는 골짜기 입구가 처음 갈라져서 바람이 모이지 않았다. 이어 반고를 셋으로 나누어 그중 3분의 2는 서쪽에 있는데 여기에 정자를 짓고 '임청정臨淸亭'이라 편액하여 걸었다. 이는 아마 도잠陶潛의 '귀거래사'에서 뜻을 취한 것 같다.

정자 앞에는 괴송怪松을 많이 심으니 나무가 늙어서 마치 용龍이 도사리고 호랑이가 웅크리고 앉은 형상이며 거북이가 움츠리고 학이 목을 길게 뺀 것 같이 매우 기이하였다.

공께서는 아드님을 두었는데 동쪽에는 큰아들(道泰; 1664~1713) 집을, 서쪽에는 둘째아들(道復; 1666~1720)이 살고 막내(道濟; 1675~1729)에게는 이 정자(임청정)를 주었고 유산酉山 아래에는 작은 집을 지어 측실側室에서 낳은 아들(道吉; 1708~1784)이 살게 하였다. 공(시윤)이 돌아가신지 60여년(실제는 38년) 후에 판서 박문수朴文秀가 배를 타고 초천을 지나다가 이 정자를 보고 탐이 나서 많은 돈을 주겠다고 꾀어 마침내 박씨朴氏소유가 되었다. 그 뒤 임청정이라는 이름은 떼어 버리고 '송정松亭'이라 이름하였다. 후대의 아이들은 이 정자를 송정으로만 알고 본래의 '임청정'이었다는 사실을 모르고 있다. 나는 이것에 느낀 바 있어 기記를 써서 보이고자 한다.

박문수朴文秀의 마현馬峴 입향에 관하여는 이미 언급한 바와 같거니와 지금 '대가大家' 음식점 자리에는 몇 해 전까지도 박문수 고가古家 터의 주초석柱礎石이 옛 모습 그대로 땅에 박혀 있었다. 그러나 이 주초석들은 집터에서 동쪽으로 약 200여m 지점에 한 카페의 정원에 주인을 잃고 있지 않은가?

그 수효가 무려 95개인 것으로 미루어 그 규모를 짐작하니 아마도 우리 남양주에서는 가장 큰집이 아니었나 추측해 본다. 고건축 전문가의 자문을 얻은 바에 의하면 주초석 한 개가 한옥 한간間으로 계산하면 우리 평민들이 지을 수 있는 한계가 99간이기 때문에 주초석 4개 정도가 없어진 것으로 보아야 한다. 약 20여 년을 구전으로만 듣던 박문수 고가에 대한 결정적 단서端緖를 제공한 것은 고령 박씨 문중의 묘표墓表 4점이 발견된 지난해 12월 초였다.

마을에서 도로 굴착공사 중 약 50cm 깊이에 있던 비석 4점이 발굴되었다는 마을 이장으로부터 전화신고를 받은 문화관광과 직원의 안내로 조사에 들어갔고 결과는 박문수의 10대 조부 박수림(朴秀林; 교하 현감)과 그 배위配位 청주 한씨淸州 韓氏, 아드님 박시손朴始孫, 손부孫婦 숙부인 여양驪陽 진씨陳氏 등 4기인 것으로 판명되었다. 여양 진씨는 박심(朴諶; 참봉)의 부인이다. 이 비석들은 한결같이 박문수 근식謹識으로 되어 있으며 박문수의 유일한 필적인 안성 오명항토적송공비吳命恒討賊頌功碑뿐이었던 바 고택지 부근에서 그의 글씨를 다량으로 접할 수 있는 행운은 물론이려니와 사료적 가치 또한 크다고 할 수 있다. 입비入碑의 연대 역시 숭정후재무오崇禎後再戊午인바 1738년(영조 14)으로 입향한 1751년과는 13년 전이 된다. 한가지 추상적으로 생각해 볼 수 있는 것은 박문수는 평시에도 이곳 마현 근처를 자주 출입한 것 같다.

왜냐하면 이 지역은 전통적으로 청주 한씨淸州韓氏의 사패지였는바 조선 초기 환확에게 내려진 땅이었고 박문수의 10대조 박수림朴秀林의 배위가 한확의 후예인 것으로 미루어 처가댁 분산에 유택을 마련했지 않았나 생각해 볼 수 있다. 앞으로 연구의 과제이다.

묘표 4기가 나란히 정열하여 누워 있는 것도 을축대홍수(乙丑大洪水: 1925) 때 묘소와 가옥이 유실되고 박문수의 후손들이 이사갈 때 비석을 묻고 떠난 것으로 보여진다.

이 이야기는 20년전 마을 노인으로부터의 증언인 바 대홍수 때 많은 양의 고서古書 등이 유실되었다는 이야기를 들었으며 또 다른 한편으로는 한국전란 때 중공군들이 수십 마차馬車 분량의 책을 싣고 갔다는 증언도 있었다.

그렇다면 마현에서 박문수의 후예들은 그가 입향한 이후 약 200여 년에 거쳐 세거한 것으로 보여진다. 박문수의 증손으로 공조와 형조 판서를 지낸 영선군靈善君 박영보(朴永輔; 1808)의 자호가 열수洌水요, 뒤는 초천苕川이라 한 것도 지역과 일치한다. 박문수는 여러 관직을 거쳤으나 우리가 알고 있는 일반적 상식은 암행어사로서의 행적을 꼽을수 있다. 암행어사는 임금이 친히 임명하는 비밀특명사신인 바 왕의 근시近侍의 당하조관堂下朝官 중에서 임시적으로 특명하여 지방을 밀견密見하고 고을 수령들의 부정과 비리를 적발하여 처결함은 물론 백성들의 어려움을 탐문하여 임금에게 복명하는 사신을 말한다. 극비로 임

명된 사신은 징복(微服; 변장)을 하고 행동을 비밀스럽게 하여 누가 보아
도 신분 노출이 되어서는 안된다. 마패馬牌는 역마驛馬의 지급을 규정
하는 패로서 발마패發馬牌라고도 하며, 암행어사는 이마패二馬牌를 사
용한다. 이마패는 말그림이 두 마리이다. 박문수의 묘소는 충남 천안
시 북면 은지리 은적산에 있으며 묘표만 있을 뿐 단순하다. 고령 박씨
종중재실(충남 문화재자료 제289호)과 그 안에 박문수 영정(보물 제1189호)이
걸려있다.

앞으로 박문수 고택지에 관하여는 심층연구가 계속 이루어져야 하
며 마현를 중심으로 열수洌水 정약용을 비롯한 정약전, 정약종 형제와
유산 정학연, 운포 정학유 형제, 한확 선생, 임숙영, 정백창, 이택등 삼
사三士와 일가 김용기 생가 등 본격적인 연구가 요구된다.

[http://남양주타임즈 2007.3.31]

마현 강고향사례 江皐鄉射禮

여유당與猶堂에서 바라다 본 유산酉山, 좌측 밑이 활터였다.

옛날 지방의 단위로 향鄕, 주州, 당黨, 족族, 여閭, 비比가 있었는데 향
대부鄕大夫는 국가의 법法을 정월正月에 사도司徒로부터 가르침을 받아
그것을 주장州長에게 전수하면 주장州長은 정월正月 가운데 길일吉日을
택하여 향사례鄕射禮를 행한다.

향대부鄕大夫는 3년 마다 어질고 재능있는 사람을 왕에게 천거할 때
그 선택의 기준을 삼기 위하여 활쏘는 의식을 거행하였다.

향대부鄕大夫는 예禮로서 어진이를 천거하고 주장州長과 당정黨正은
예禮로서 백성을 모았다. 그때 술 마시는 의식을 향음鄕飮이라 하고 활
쏘는 의식을 향사鄕射라 한다.

마을의 어른과 어린이의 질서를 징하고 높고 낮음을 밝히며 현명하
고 어리석음을 분별하는 것으로 백성을 가르쳐서 풍속을 돈독히 하였
다. 즉 예악덕행禮樂德行을 세우는데 향사음례鄕射飮禮보다 나은 것이 없
었다.

열수洌水 정약용丁若鏞은 강고향사례江皐鄕射禮 서문序文에서 다음과
같이 쓰고 있다.

가경嘉慶 병진(丙辰; 1820년) 4월 23일 우리 향鄕의 사우士友들이 모
여 의론하고서 철마산鐵馬山 아래 강고江皐 위에서 향사례鄕射禮를
행하였는데 고랑皐浪의 신대년(申大年; 億)을 주인으로 하고 귀음龜陰
의 김여동(金汝東; 在崑)을 빈賓으로 하고 신대년申大年의 종질從姪인
신성여(申成汝; 晩顯)를 사사司射로하고 석림石林에 사는 이예경(李禮卿;

魯和)을 사정司正으로 하였으며 나의 두 아들 학연學淵과 학유學游 및 4, 5 집안 자제와 빈객賓客 등 모두 20여 명이 사우射耦가 되기도 하고 집사執事가 되기도 하였다.

70세가 된 노인은 신대년申大年의 아버지 신공申公과 나의 형 진사공 정약현丁若鉉이요. 60세가 된 사람은 김여동金汝東의 아버지 김공金公과 나洌水 였으니 이들은 늙어서 예禮를 차릴 수 없음으로 모두 예석禮席 밖의 별석別席에 앉아 구경하고 있으니 이것을 예禮라고 할 수 있겠는가.

그러나 그 읍揖하고 사양하고 오르고 내리고 나아가고 물러나고 앉고 서는 거동하는 모습과 바쳐 올리고 권하고 노래부르고 음악을 연주하는 정차와 왼쪽에 활줌통, 오른쪽엔 시위를 잡고 화살 3개는 꽂고 1개는 끼며 활을 부리고 활시위를 얹으며 내려와 절하고 올라가 술 마시는 예문을 모두 길례古禮에 의거하였다. 그리고 신공申公과 김공金公의 두 아들이 또 우뚝 서서 거동을 가다듬으니 그 엄숙한 것이 볼만 하였고 사정司正과 사사司射 등도 모두 단아하고 민첩하여 법도를 잃지 않았다. 이러므로 여러 벗과 여러 자제가 각기 그 자리를 바르게 지키고 각기 그 직책을 잘 봉행하여 떠들거나 예문에 이반되는 잘못이 없었으니, 아― 이 또한 어려운 일이었다.

열수洌水 정옹丁翁께서는 지극히 작은 마을, 마현馬峴의 전통을 이으려 애쓴 것을 우리는 보았다.

이제 늦었지만 다산문화제茶山文化祭에 이를 재현함으로서 문화시민
으로 한 발 앞서 나아가야 하지 않을까?

[http://남양주타임즈 2008.3.8]

시우치時雨峙 뽕나무

뽕나무 군락지 ⓒ윤종일

태조太祖 때 조준趙浚과 하륜河崙이 편찬한 『경제육전經濟六典』에 의하면 종상법種桑法을 수립하였는데 대호大戶는 300본, 중호中戶는 200본, 하호下戶는 100본을 심도록 하였고 심어 가꾸지 않는 곳에 대하여는 수령을 논파論罷토록 하였다.

1454년(단종) 9월 호조가 계청하기를 각 읍의 도회관都會官으로 하여금 누에씨를 각 고을에 나누어 주고 그들로 하여금 양잠을 하도록 하고 열심히 한 자와 태만 한 자를 골라 수령들을 포상도하고 벌도 내리게 하였다.

또 세조世祖 때 내원內苑에 명命하여 뽕나무를 제사諸司에 나누어 주고 담장 아래와 밭둑에 심도록 하고 만약 성실히 배양하지 않아 말라 죽게 하는 자는 파직토록 하였다.

하루는 서연관이 잠실이 동관東官과 너무 가까이 있어 회강會講하는 날이면 장소가 너무 협소하여 불편하니 옮겨 달라고 요청하였다.

이에 임금께서 이르기를 "잠실은 중요한 일이기 때문에 궁궐과 가까이 둔 것이고 또 예禮에도 부인婦人은 누에치고 물레질한다는 글귀가 있음으로 본디 중관中宮이 세자빈世子嬪과 함께 친히 여공女功을 살피게 하려는 것이다" 하였다.(『임하필기(林下筆記)』 권22 문헌지장편) 이를 친잠례親蠶禮라 한다.

열수洌水 정약용의 대책 가운데 지리책地理策 조條에서 상림桑麻에 대한 정사政事는 서왕聖王들이 소중히 여긴다로 시작하여 1587년(선조 정해년) 고상신故相臣 이원익李元翼이 일찍이 안주安州를 다스릴 때 백성들에게 의무적으로 뽕나무를 심게하여, 1만 그루가 훨씬 넘은바 뽕나무의 혜택을 입은 백성들은 그 뽕나무를 이공상李公桑이라 부른다. 그리고 대책으로 백성들에게 뽕나무를 의무적으로 심어 실효를 거두고 근본을 튼튼히 해야한다.

1800년 봄에 쓴 열수洌水 정약용의 「하담금송첩서荷潭禁松帖序」에 다음과 같은 글이 있다.

"뽕나무와 가래나무를 반드시 공경하라" 하였으니 열수洌水 정약용의 고향馬峴 옛집에 있는 뽕나무와 가래나무는 모두 복전攵田님께서 손수 심어 놓은 것으로 그 나무도 반드시 공경하여야 한다는 뜻으로서, 전하여 자손들은 조상을 극진히 추모追慕해야 한다는 의미가 있는 것이다.

시우리에 있는 둘레가 232cm나 되는 삼간三幹뽕나무 ⓒ 윤종일

열수洌水 정약용은 강진康津 유배 시 두 아들에게 부친 편지에 "고향에 살면서 과원果園이나 채소밭을 가꾸지 않는다면 천하天下에 쓸모없는 사람이다. 내가 만약 지금까지 집에 있었더라면 뽕나무가 수백 그루가 되었을 것이다." 라고 적고 있어, 열수 정약용은 가정에서나 국가적 차원에서 뽕나무 심기 운동을 전개하여 부국富國의 길을 모색하려고 하였다.

"남쪽지방에 뽕나무 365그루를 심은 사람이 있는데 해마다 365꿰미의 동전을 얻으니, 하루에 한 꿰미씩이라, 식량 마련에 죽는 날까지 궁색하지는 않을 것이다. 그리고 잠실 3칸에 잠상을 7층으로 하여 모두 21칸의 누에를 길러 부녀자들도 놀고먹는 자 없도록 하고, 금년 오디가 잘 익었으니 너는 그 점을 소홀히 말아라" 하였다.

열수洌水 정약용은 그의 증언贈言 가운데 윤종문[尹鐘文; 호는 혜관, 본관은 해남, 공재 윤두서의 현손으로 다산초당의 차신계(茶信契) 18명 제자의 한 사람으로 정약용의 외척]에게 주는 글에서 "가난한 선비로서 힘이 덜 들고 명예가 손상되지 않는 것이 있으니 손수 원포園圃를 가꾸고 형상(荊桑; 가시뽕나무), 노상(魯桑; 로나라 뽕나무) 등 뽕나무 수천 주를 심고, 별도로 3칸의 잠실蠶室을 짓고 7층의 잠상蠶床을 설치한 다음 아내에게 부지런히 누에를 기르도록 하라. 이렇게 몇 해만 하면 그 다음은 그리 어렵지 않다"고 증언하였다.

다시 가계家誡 가운데 1810년 다산동암茶山東庵에서 아들 학연學淵에게 주는 계誡에서 "살림살이를 꾀하는 방법에 대하여 밤낮으로 생각해 보아도 뽕나무 심는 것 보다 더 좋은 것이 없으니 이제야 제갈공명諸葛孔明의 지혜보다 더 위에 갈 것이 없음을 알았다. 그리고 뽕나무 심는 거야 선비의 명성을 잃지도 않고 큰 장사꾼의 이익에 해당되니…"라고 뽕나무 재배의 필요성을 간절히 설명하고 있다.

열수洌水 정약용은 아내 윤씨尹氏가 평소 누에치기를 좋아하여 서울에 살면서도 해마다 고치실을 수확하는 것을 보고 아내에게 7수의 시를 써 준 것이 있으니 그 첫 수에 "반 년이라 삼농사는 갈고 거두기 힘들고 목화농사 일년 내내 가뭄 장마 걱정인데 무엇보다 누에치기 효과 가장 빠르니 한 달이면 광주리에 고치가 가득하네" 하고, 여섯 수를 더하여 누에치기를 예찬하고 있다.

황성신문皇城新聞 1900년 3월 1일 광고 기사에 '양주 누에공장(구선동)에 품질이 우수한 구미 각국과 청淸나라 소주蘇州, 항주산杭州産 뽕나무 수십만 그루를 보유하고 판매하니 잠상업에 관심있는 분들의 많은 왕래를 바란다"고 는 광고를 내고 있다. 그리고 4월 21일 인공양잠회사에서 양주군 구선동(월문리)의 크고 작은 뽕나무 1만 여 그루를 구입하여 영등포 정거장 근처 논 5일경日耕을 매입해 심었다.

황성신문皇城新聞 1903년 10월 1일자 기사를 보면 양주군楊州郡 하도리下道里 시우치(時雨峙; 현 조안면 시우리)에 거주하는 지사知事 김의명金義明이 잠업 경영을 위하여 10여 년 전부터 뽕나무 10여 만 그루를 국내에 유포하더니 근일 『상잠문답桑蠶問答』이라는 책자를 인쇄하여 농상공부農商工部에 상납하니, 농상공부에서 13도 관찰부에 훈령하여 책자를 관하 각 군郡에 배포하였다. 자료가 없어 알 수는 없으나 1897년에 지석영池錫永이 쓴 『상잠문답桑蠶問答』의 번역서로 추측할 뿐이다.

　와부읍 구선동 일대 밭둑과 야산에는 근래까지 뽕나무가 있었으나 개발로 인하여 지금은 볼 수가 없다. 다만 시우리 고개 마을 안팎에는 아직도 뽕나무가 남아있어 밑둥치 둘레가 232㎝되는 노거수들이 즐비하다. 6·25 전쟁 이후에도 온 마을이 누에치기로 생계를 지탱하였으나 지금은 다르다. 그래서 글로 남겨두고자 한다.

[http://남양주타임즈 2008.4.25]

남하창수집

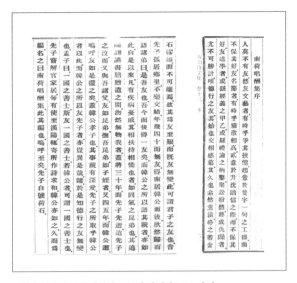

정약용 선생의 부친 정재원丁載遠과 한경선韓景善 간에
화답和答한 詩(시)를 묶어 책으로 만든 남하창수집南荷唱酬集의 서문

『남하창수집南荷唱酬集』은 열수洌水 정약용丁若鏞의 부친 하석荷石 정재원(丁載遠; 1730-1792)과 고향(馬峴; 현 남양주시 조안면 능내리)의 벗 한경선韓景善 간에 화답和答한 시詩를 묶어 책으로 만든 것이다.

남하창수집의 서문序文은 열수洌水 정약용이 썼는데 현재를 살고 있는 우리들에게 본보기가 될 듯하여 내용을 간추려본다.

사람은 누구나 벗이 있게 마련인 바 문예文藝로 사귄 친구는 기예技藝와 재능으로 다투다가 한 글자, 한 구절의 잘 못을 가지고 틈이 벌어져 갈라서게 되며, 명예와 절의로 사귄 벗은 기개氣槪와 절조節操를 서로 높이다가 오르고 내리고 굽히고 펴는 사이에 뜻이 엇갈리어 좋은 정의를 보전하지 못하고 헤어진다. 도학道學과 예론禮論에 있어서는 더욱 시비가 많아 마침내 원수가 되는 예는 허다하다.

좋은 벗을 사귀기 위해서는 덕행德行으로 하여야 하는데, 처음에는 서로 마음이 감동하여 사모하고, 오래되면 화합하여 감화되며, 마침내 금석金石처럼 사귐이 아주 깊어져 서로 떨어질 수 없는 교칠膠漆의 지경에 이르는 것이며, 그러므로 벗을 삼기는 지극히 어려우나 일단 삼고나면 변함이 없어야 되니 이것이 바로 군자君子의 벗 삼는 도道라 할 수 있다.

정재원은 나이 40에도 이렇다 할 친구하나 없이 지내다가 마현 남쪽에 사는 한경선韓景善을 얻고 기뻐하며 아우들에게 이르되 "이 사람이 내 벗이다. 내가 이제서야 벗을 얻었노라."하고 자랑하였다.

열수洌水의 선친丁載遠의 유사遺事에도 이런 글이 있으니 정조 때 신순형(申舜衡; 정선현감)이라는 사람이 정재원과 벗하기를 원하였다.

정재원이 말하기를 "나와 자네가 지금 친구로서 잘 지내기를 남거南居 한경선韓景善과 같이 할 수 있겠는가?"

두 사람의 우정이 이와 같았으니 세상 사람들은 단금지교(斷金之交; 쇠붙이도 끊을 만큼 우정이 대단히 깊은 사이)라 하였다.

복원된 여유당과 다산 정약용 동상

또 열수洌水가 유배지 강진康津에서 두 아들(학연과 학유)에게 준 편지에서 "슬프다. 한가구韓可久의 대부인(大夫人; 어머니인 叔人 權氏)은 우리 형제가 숙모叔母처럼 섬겨야 할 분이다. 고향에 있을 때는 나도 찾아 뵙곤 하였으니 너희들도 찾아뵈어라."하고 꾸짖었다.

한가구韓可久는 정재원이 급박하고 어려웠을 때 도와주고 의리가 변치 않는 사람이니 감사할 줄 알아야 하니 "대부인權叔人께 공손히 문안 드릴 것이며 대부인 생신 때에 제 철 과일을 올릴 것이며, 남거장(南居 丈; 韓景善)의 제일祭日에 항상 과일을 올려 제사를 도와라."

이와 같이 두 사람은 친형제와 같이 물질계와 정신계의 간격이 없이物我一體 지내기를 30여 년, 1792년 4월 9일 정재원이 별세하니 한가 구는 동생들은 물론 그 자식들에게도 아들과 조카같이 대하였다.

서문의 끝에 『남하창수집南荷唱酬集』이라 이름하고 "이것이 그 책이다. 아아, 대단한 일이다."

필자는 말한다. 스스로의 잘못을 인정하지 못하고 자기만 합리적이라고 주장하는 작금의 돌아가는 세상을 정말 부끄러워하며 붓을 놓는다.

南과 北은 하나인 것을.

[http://남양주타임즈 2008.6.8]

열수 정약용의 일본관

독도 ⓒ 이덕범

열수洌水 정약용丁若鏞이 지은 지리책 가운데 이러한 글이 있다.

정조 임금이 질문하기를

"어째서인지 근대 이래로는 사람들이 지리地理가 정치의 근본이 되는 줄을 알지 못하여 관방關防에는 허술한 탄식이 많고 성지城池에는 수축한 실적이 없다"

그리고 이어서

"울릉도鬱陵島와 손죽도損竹島 등은 오랫동안 비어 있는 섬이 되었는가"

열수 정약용이 이에 대답하여 말하기를,

"신이 삼가 생각하건대, 울릉도鬱陵島와 손죽도損竹島 등을 빈 섬으로 방치하는 것은 좋은 계책이 아니라고 봅니다. 울릉도는 옛날 우산국于山國으로 신라 지증왕(500-514)이 정복하였던 곳입니다. 화살대와 담비가죽, 진귀한 나무와 식품 등의 생산이 제주도보다 많고 또 수로水路가 일본日本과 가까이 인접해 있으므로, 만일 교활한 왜인들이 몰래 와서 울릉도를 먼저 점거해 버린다면 이는 국가의 큰 걱정거리입니다. 지금이라도 마땅히 백성들을 모집하여 섬에 들어가서 살도록 하는 한편 진보鎭堡의 설치도 지연시킬 수 없습니다.

어떤 이는 당시에 울릉도를 빈 채로 방치해 둔 것은 일본과 약속한 데서 나온 것이므로 약속을 위반할 수 없다고 하지만 이런 말은 너무나 고지식할 뿐, 국가를 위하는 계책이 아니라고 봅니다. 또한 손죽도損竹島는 조그마한 섬인 데다가 우려할만한 문제거리도 없으니, 비록 방치해두더라도 해로움이 없을 것입니다."

61

다시 열수 정약용은 '일본론日本論'에서 "일본의 풍속은 불교佛敎를 좋아하고 무력武力를 숭상하기 때문에 연해沿海의 여러 나라를 침략하여 보화寶貨와 식량과 베와 비단布帛을 약탈, 눈앞의 욕심만 채웠다. 때문에 우리나라의 근심거리가 되어온 바 신라 때부터 일찍이 사고없이 몇 십년을 지낸적이 없다" 하였다.

지금까지도 독도에 관하여 아무런 외교적인 대책도 없이 무작정 시간만 낭비하고 있는 정부가 원망스러울 뿐이다.

[http://남양주타임즈 2008.10.4]

열초 정약용의 신차新茶

신차新茶를 재배했던 곳으로 추정되는 검단산黔丹山 북쪽자락의 백아곡白鴉谷 전경

대장간 밖에는 높은 깃대 세우고서

게의 눈과 고기 비늘 눈에 어른어른

가난한 선비는 점심 끼니 채우기 어려워

새 샘물 떠다 부질 없이 우전차雨前茶를 다리네

백성의 근심은 신선 경계에서 묻지 마소

수액水厄은 손사랫질하는 집에 누가 나누어 줄고

스스로 믿노니 가슴 속에 막힘이 없는데다

청고한 맛의 차茶를 마시니 더욱 자랑스럽네

　　이상은 열초洌樵의 「우세화시집又細和詩集」에 들어 있는 '신차新茶'를
번역 전재한 것이다.

　　강진에서 유배가 풀릴 적엔 꽤 많은 양量의 차茶를 가지고 마현(馬峴;
현 남양주시 조안면 능내리)에 왔겠으나, 그 많은 나그네와 문인 묵객들의
출입으로 차가 소진될 즈음, 이상한 일이 벌어졌다.

　　열초洌樵 옹翁은 두 아들과 검단산(黔丹山; 현 하남시 소재)에서 인삼人蔘
농사를 지었는데, 그곳 마을 사람들로부터 작설차雀舌茶를 얻으니 이
름하여 신차新茶라 불렀다.

　　또 다른 시詩 「춘일체천잡시春日棣泉雜詩」 7수首 가운데 첫 수를 옮겨
본다.

　　백아곡白鴉谷의 새차가 싹이 처음 나왔는데

그곳 마을 사람에게 한 포를 겨우 얻었네
체천梯泉이라 수질은 그 얼마나 맑은지
은銀병에 길어다가 시험삼아 끓여보네.

그리고 주註에 백아곡白鴉谷은 검단산黔丹山 북北쪽에 있는데 작설차
雀舌茶가 생산된다라고 하였다.

이유원李裕元의『임하필기林下筆記』에 우전차雨前茶를 소개하였으니
'연경燕京사람들은 우전차를 귀하게 여기니 곡우穀雨 전에 딴 것을 말
한다' 하고 '심양瀋陽지방은 지금도 길거리는 물론 깊은 계곡에서조차
다 찻집이다'라고 기록하고 있다.

또 같은 책에 「호남사종湖南四種」 조條에 "강진康津 보림사寶林寺 대밭
의 차茶는 열수洌水 정약용丁若鏞이 체득하여 절의 승려에게 아홉 번 찌
고 아홉 번 말리는 방법을 가르쳐 주었다. 그 품질은 보이차普?茶 못지
않으며, 곡우穀雨 전에 채취한 것을 더욱 귀하게 여기니 이를 우전차雨
前茶라 해도 될 것이다"하였다. 여기서 보림사라 함은 만덕산 백련사
(전라남도 강진군)로 추측된다.

[http://남양주타임즈 2008.11.1]

열초 정약용과 수종사

열초 정약용이 어렸을 때부터 독서를 위해 오르내렸던 수종사 ⓒ김준호

수종사에 노닐다

다래 덩굴 드리운 비탈진 섬들이라

경내로 드는 길은 과연 어느 곳인가

응달 숲속엔 아직 묻은 눈이 쌓여 있고

양지바른 물가에선 아침 햇볕에 이슬이 반짝

샘물이 솟아 땅은 표주박처럼 움푹하고

종소리는 메아리 져서 깊은 숲속으로 흘러나간다

내 여기를 수 없이 노닐었지만

그 그윽함을 아직도 다 모르겠구나

이 시詩는 열초 정약용(丁若鏞; 1762.6.16~1836)이 15세에 지은 시다. 수
종사水鍾寺는 열초가 태어난 마현馬峴에서 가까운 북쪽에 위치한 운길
산 기슭에 있는 사찰로 열초가 어렸을 적에 수종사에서 독서를 많이
하였던 것 같다. 이에 대한 일화가 구한말의 지사인 매천梅泉황현(黃玹;
1855~1910.9.7)이 기록한 것이 있는 데 이를 전재한다.

열초의 기성記性이 절윤絶倫한데, 세상 사람들이 놀랍게 생각한 것
은 계곡谿谷 장유(張維; 1587~1638)와 상국相國인 강산薑山 이서구(李書九;
1754~1825)가 영평(포천)으로부터 궁궐로 가는 도중에 한 소년이 등에 책
을 한 짐 지고 북한사北漢寺가는 것을 만나보고 지나갔다가 다시 만났
는데 역시 책을 한 짐 지고 절에서 나오고 있었다. 괴이하게 생각한 이
상국은

"너는 어떤 사람이길래 독서는 하지 않고 책만 지고 왔다 갔다 하느냐?"

하고 꾸짖었다. 그 소년은

"책은 이미 다 읽었습니다."

하고 대답하니 이상국 일행은 놀라고 이상스럽게 생각하고는

"그 지고 있는 책이 무슨 책 이길래… 다 읽었단 말이냐?"

"강목綱目입니다"

"벌써 다 읽었단 말이냐?"

"네! 직강만 한 것이 아니라 암송도 능히 할 수 있습니다."

이상국은 가마에서 내려 지고 있는 책 중에서 아무 것이나 뽑아들고 외우라고 하였더니 책을 덮고 대략 다 외우더라는 것이다. 그런데 이 소년이 바로 열초 정약용이었다는 것으로 세상이 감탄하는 바라고 하였다.

[http://남양주타임즈 2008.12.21]

마현의 시작

마현 입구에 세워진 마재마을 안내 표지석으로 마재로 잘못 표시되어 있다.

열수洌水의 「임청정기臨淸亭記」에 다음과 같은 글이 실려 있다.

"옛날 백년 전에는 소양강昭陽江이 고랑皐狼 아래에 이르러 동쪽으로 남주(藍洲; 지금의 足尺島)의 北쪽을 지나 남강南江에 들어갔다. 그러므로 남강南江의 물살은 빠르고 거세게 곧장 西쪽으로 달려 반고盤皐의 아래(즉 洌水)에서 합쳐졌다."

이 때는 홍수洪水가 질 때마다 반고盤皐는 물에 잠기기 때문에 사람이 살지 못하였다. 그리고 그 뒤 물길이 바뀌어

"북쪽의 소양강昭陽江이 고랑이 아래 부암鳧岩의 남쪽에 이르러 비로서 남강南江과 만나 남강의 거센 물상을 밀어내어 물리쳤다. 물은 귀음(龜陰; 지금의 능내 1리)의 강 기슭을 지나 석호(石湖; 지금의 초천 입구)의 동쪽에 이르러 비로서 꺾이어 서쪽으로 향하게 되므로, 비로서 반고盤皐가 우뚝 높이 솟아 촌락馬峴이 이루어 지고 아울러 초천苕川이 생겨나게 되었다."

동쪽의 습수(濕水; 지금의 남한강)와 북쪽의 산수(汕水; 지금의 북한강)가 물오리 바위(鳧岩; 팔당수위로 묻힘) 지점에서 합류하여 서진西進한다. 이대 많은 양의 모래를 운반하는데 산수汕水의 물길은 동쪽에서 강력하게 밀어 붙이는 습수濕水에 밀려 마현馬峴에다가 사구砂丘를 이루고 그 사구砂丘가 발달하여 오늘과 같은 반고盤皐가 이루어져 사람이 살게 되었다. 그리고 그 경계선에 초천苕川이 생겨나게 된 것이다.

열초 정약용이 어려서부터 함께한 초천苕川, 현재 초천의 흔적이 일부 남아 있어
그 옛날 열초 정약용의 발자취를 떠올리게 한다. ©김준호

이와 같이 강江물에 의하여 모래가 옮겨와 퇴적堆積 작용으로 생긴 대상臺狀 지형地形의 땅을 퇴적대지堆積臺地라고 하는데 마현馬峴과 같은 반고盤皐를 두고 한 말이다.

마현馬峴은 이렇게 생성된 마을이다.

마재란 지명은 잘 알지 못하겠다.

[http://남양주타임즈 2008.12.27]

열초 정약용의 언론관

열초 정약용은 강진 유배 중 두 아들에게 보여주는 가계家系에서,

"군자君子는 의관衣冠을 바르게 하고, 눈을 우러러 존중히 하고, 입을 다물고 단정히 앉았기를 진흙으로 빚은 사람처럼 엄숙한 자세를 하고, 언론言論은 중후하면서도 엄정嚴正하게 하여야 한다"고 하고, 그 다음 일반 사람들이 무서워서 복종하고, 소문도 널리 퍼져 오래도록 전해질 것이라고 교육의 지침을 주었다.

열초 정약용은 임금께 간諫하는 일을 맡아 보는 정6품의 직책인 사간원司諫院의 정언正言을 사양하면서 임금께 아뢰기를,

"간관諫官의 직책은 장차 임금의 잘못을 바로 잡고, 결점을 보충하며, 임금이 허물이 없는 곳으로 인도하는 것이며, 그 풍재언의(風裁言議: 여론)가 충분히 임금을 감동시킬 수 있은 다음에야 바야흐로 이 직책에 욕되지 않을 것입니다." 하고 그 자리를 사양하였다.

성호 이익李瀷도『성호사설星湖僿說』에서,

"옛날에는 별도의 간관諫官이 없이 모든 백관百官이 간관이었는데, 후세에 간관 자리를 만들어 그 직책에 있지 않은 사람들은 모두 자신의 분수를 넘어 남의 권한을 침범하는 월권으로 생각하여 언로言路가 막힌다" 하고, "국사國事에 관계되는 것에는 누구를 막론하고 품은 포부를 반드시 아뢰어 상하上下의 정情이 서로 통하고 임금을 높이며 백성을 살리는데 도움이 된다"고 하였다.

옛날 세조世祖 임금 때에 우정자右正字 허종許琮이 천재지변天災地變을 상소 하는 가운데,

"전하가 하늘의 잘못을 꾸짖고 나무라는 것에 대하여 답하는 방법은 조종祖宗을 본받고, 이단을 물리치며, 놀고 수렵하는 것을 그만두고, 경연經筵에 나가는 것을 넘지 않았습니다. 그러나 언로言路를 여는 것이 그것보다 우선해야 할 것이니, 언로가 열리면 네 가지를 행할 수 있고 나라도 편안해질 수 있습니다"하였다.

이에 세조는 이를 받아들이고 허종의 직급을 올려 주었다.

또 효종孝宗(1653년) 때 영중추부사 이경여李敬輿는 대간臺諫은 재상과 더불어 맞먹는 자리라고 하였으니 그 중요함을 미루어 짐작하겠거니와 지금이라도 늦지 않았으니 정확한 여론수렴을 제안한다.

이 세상의 문인文人이나 학자學者들은 자신의 글에서 한 글자, 한 글귀라도 남에게 지적받으면 속마음은 그 잘못을 깨달으면서도 얼른 승복하고 굽히려 하지 않는다. 얼굴 빛이 달라지고, 꽁한 마음을 가지기도 하고, 때에 따라서는 보복을 하는 사람까지 있다.

위와 같은 일들은 특히 모든 언론言論과 시행施行하는 사이에서 있으니 정약용은,

"마땅히 거듭 생각하고 살펴서 이런 병통을 없애기에 힘써야 할 것이다. 그래서 만일 그 잘못을 깨달으면 즉시 생각을 바꾸어 고쳐서 봄 눈 녹듯이 선善을 쫓아야만 거의 무상無狀한 소인이 되지 않을 것이다" 하였으니, 이는 『도산사숙록陶山私淑錄』에 있는 글이다.

200년이 흐른 시방時方, 벌어지고 있는 현실이 견딜 수 없이 부끄러워 몇 자 적어 본 것이다. 이것이 기축己丑 새해의 화두話頭이다.

[http://남양주타임즈 2009.1.11]

열초 정약용의 장난삼아 그려본 소계도

열초 정약용은 서학교도西學敎徒라는 비방과 남인南人의 득세를 꺼리는 노론老論의 방해 등으로 여러 차례 유배되고 지방관으로 좌천되는 등 어려움이 있었으나 문장이 뛰어나고 행정실무 및 과학 기술 분야의 탁월한 재능을 인정받아 정조의 보살핌을 받으면서 남인의 다음단계의 중심인물로 인정되고 있었다. (채제공 → 이가환 → 정약용)

그러나 1800년 열초 정약용이 39세가 되던 해 정조正祖의 뜻하지 않은 죽음과 순조의 즉위, 1801년 일어난 신유사옥은 그의 일생에 큰 획을 긋게 되었다.

신유사옥으로 시파인 홍락임(정조의 외척)을 비롯하여 남인인 이가환, 열초의 형 정약종, 권철신, 이벽 등이 처단되고 그 외에 남인과 시파계 인사들이 처형 또는 정배 되었다. 열초 정약용도 이 때 경상도 포항 장기현으로 유배되었다. 유배된 장기현에서 열초는 송나라 소식蘇軾이 호주湖州에서 귀향살이 할 때 하남성 겹현에 있는 아미산蛾眉山이 고향

75

의 아미산과 닮았다 하여, 작은 아미산이라 명명하고 그 아미산을 그리면서 고향에 대한 그리움을 달랜 것과 같이 고향인 마현을 그리면서 「소계도苕溪圖」를 노래했는데 그 글은 아래와 같다.

소자첨은 남해에서 귀양살이하면서
아미도 때문에 병이 나았기에
나도 지금 소내를 그려서 보고픈데
세상에 화공 없으니 그 뉘에게 부탁하랴
시험삼아 수묵으로 초벌 그림 그려보니
수묵 자욱 낭자하여 먹탕이 되고 말아
늘 갈아서 그렸더니 손은 점점 익숙해도
산 모양과 물 빛이 그래도 흐릿한데
그것을 당돌하게 비단에다 옮겨 그려
객당의 서북 쪽에다 걸어두었더니
푸른 산줄기 휘감긴 곳에 철마가 서 있고
깎아지른 기암에서 금부가 날아가며
남자주 가에는 방초가 푸르르고
석호정 북쪽에는 맑은 모래 깔렸으며
저 돛은 필탄을 지나는 배 분명하고
나룻배는 귀음을 가면서 부르는 듯
검산은 절반이나 구름 속에 들어 있고

백병봉은 저멀리 사양을 지고 섰으며
하늘 가에 높다랗게 보이는 절과 함께
물 모이는 곳 지세가 잘도나 어울리네
소나무 노송나무 덮고 있는 것 우리 정자이고
뜰에 가득 배꽃 핀 곳 저건 우리 집이지
우리 집이 있어도 갈 수가 없어
날로 하여 저걸 보고 서성대게 만드네 그려

다산이 뛰어놀던 초천

「馬峴地誌」(임병규에 의해 작성됨)
- 열초 정약용이 살았던 그 때의 마현(다산문화연구소 제공)

[http://남양주타임즈 2009.1.25]

암행어사 박문수

박문수의 옛집(松亭)은 사라지고
오직 낙락장송落落長松 한그루 만이 유지遺址를 지키고 있다.

영성군靈城君 박문수(朴文秀; 691-1756)는 오천梧川 이종성李宗城과 내외형제로서 외숙外叔되는 이태좌(李太佐; 1660-1739)에게 함께 수학受學하였다. 늘 외우는 것이 매끄럽지 못할 때마다 반드시 서로 거울을 비추어 보여 주곤 하였는데, 오천梧川 이종성李宗城이 일부러 박문수에게 거울을 비춰 주지 않아 외우지 못한 일이 있었다. 이에 스승 아곡鵝谷이 종아리를 치려고 하니, 박문수는 일어났다가 앉으며 말하기를 "동생 종성이가 거울을 비춰 주지 않아 이렇게 되었으니, 그 죄罪도 매를 맞아야 합니다."하였다. 이에 스승 아곡鵝谷은 그 말을 기특하게 여겨 그만 매를 거두었다.

하루는 병풍 뒤에서 서로 따지고 다투는데, 아곡鵝谷이 들어보니 서로 집안 문벌門閥을 비교하는 가운데 종성이 말하기를 "너희 집안에 구천龜川 선생 이세필李世弼 같은 분이 있는가? ' 하니 박문수가 말하기를 "우리 할아버지 구당공久堂公 박장원朴長遠이 계신다."하니 종성이 또 말하기를 "백사白沙 선생 이형복李恒福 같은 분이 있는가?"하니 박문수가 대답하기를 "내가 백사白沙 선생 같이 될 것이다."고 하였다. 이에 스승은 박문수의 머리를 쓰다듬어 주면서 칭찬하기를 "너는 반드시 백사의 사업을 할 것이다."하였다.

그 후 무신년(戊申年; 1728) 무신란戊申亂을 당하여 박문수는 참모종사參謀從事로서 계획을 수립하고 방책을 결정하면서 남들의 의표를 찌른 것이 많았다. 난亂이 평정되니 공신功臣에 책훈冊勳되고 일대의 명신名臣이 되었으니 대체로 어린시절부터 기상氣像이 크게 달랐다.

이상은『임하필기林下筆記』권27「춘명일사春明逸事」의 글이다.

마현馬峴 그의 옛집松亭은 사라지고 오직 낙락장송落落長松 한그루 만이 유지遺址를 지키고 있을 뿐이다.

[http://남양주타임즈 2009.2.1]

초천苕川(馬峴)의 팔경

아래 글은 다산시문집 제1권 시집詩條 "초천사시사효장남호상심락
사苕川四時詞效張南湖賞心樂事" 13수 가운데 마현馬峴과 직결되는 부분 만
을 골라 굳이 8경을 만들었으니, 수구정문류隨鷗亭問柳, 흥복사청앵興福
寺聽鸎, 사라담범월鈔羅潭汎月, 천진암상풍天眞菴賞楓, 월계타어粵溪打魚 등
다섯 수를 뺀 것에 대하여 못내 아쉽다.

제1경 검담산 상화(黔丹山 賞花: 黔丹山의 꽃구경)

검단산은 두미강斗尾江을 사이에 두고 예빈산禮賓山과 마주 바라보고
있다. 작은 마을에 배꽃이 하얗다고 하였으니 이는 열초 정약용이 잠
시 인삼 농사를 짖던 검단산 백아곡白鴉谷이 아닐까 현재까지도 백아
곡의 진달래꽃은 장관을 이루며 볼만하다.

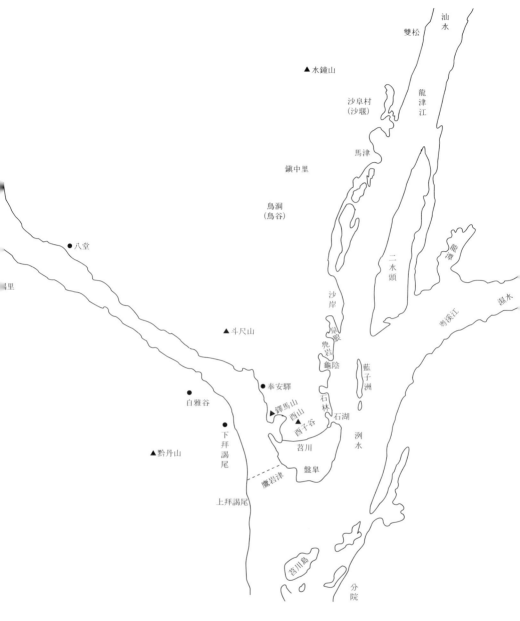

汕水

雙松

▲水鐘山

龍津江

沙阜村
(沙堰)

馬津

鎭中里

鳥洞
(鳥谷)

●八堂

龍潭

二水頭

沙岸

渼里

濕水

磹瀨

▲斗尺山

鼈岩

龜陰

藍子洲

石林

奉安驛

●白雅谷

●

釂馬山

酉山

石湖

苕川

石湖

洌水

▲

酉子谷

▲黔丹山

下拜謁尾

盤皐

鷹岩津

上拜謁尾

苕川島

分院

열초 정약용 생전의 마현 일대의 지명(임병규에 의해 작성됨), 다산문화연구소 제공

83

작은 마을 배꽃이 새하얗다면
깊은 산골 진달래 붉기도 하다
돌비탈 오솔길을 천천히 따라
안개 낀 강 낚싯배 다시 찾아가

제2경 남자주 답청(藍子洲 踏靑)

남자주는 습수濕水, 즉 남한강(일명 월계강)과 산수汕水 즉 북한강(일명 용진강)이 합수하며 만들어 진 섬으로, 지금은 足子섬이라 부르며 떠돌이 섬이라는 구전이 전한다. 미투리 신고 오솔길의 싱그런 풀을 밟으며 걷는 기분을 노래한 것이다.

강물 북쪽 두 기슭 마주 푸르고
모랫가의 한 섬은 홀로 푸르네
미투리로 오솔길 두루 밟으니
싱그런 풀 물가에 무성하여라

제3경 석호정 납량(石湖亭 納凉)

석림 아래 움푹 들어간 곳을 석호로 보았으니, 거기에 지은 정자로서 주인은 이조판서를 지낸 이담李潭의 정자이니 여름엔 피서하기에 안성마춤일 것이다.

> 맑은 물에 절벽이 꽂히었고요
> 누대는 푸른 하늘 높이 솟았네
> 바람 스친 소로리 깨끗하고요
> 구름 낀 바위 빛깔 영롱하여라

제4경 석림 상하 [石林 賞荷: 석림의 연꽃 구경]

품석정品石亭이 있던 자리이니 연꽃의 가을빛을 구경하려면 단풍숲의 석양에 찾아야 제 맛을 느낀다고 하였다.

> 시내엔 붉고 푸른 정각이라면
> 동산엔 굽고 모난 연못이라네
> 연꽃의 가을빛을 구경하려면
> 단풍숲의 석양에 찾아와야지

제5경 유곡 총선 [酉谷 聰蟬: 酉谷의 매미 소리]

유산酉山은 옹翁의 뒷동산이니 매미 우는 소리가 새벽엔 노래의 박자요, 석양엔 피리와 거문고 소리라.

동으론 맑은 못물 내려다 보고
서로는 숲속 매미 소리를 듣네
새벽엔 듬성듬성 노래 박자요
석양엔 시끌시끌 피리 거문고

제6경 수종산 상설(水鍾山 賞雪: 水鍾山의 눈 구경)

수종산은 운길산雲吉山으로서 수종사가 있는 산이다. 지금도 설경雪
景이 빼어나다.

낭풍이라 현포는 아스라하네
옥숲에다 은병풍 두루 만났네
산마루 닿은 하늘 검게 보이고
여울 만난 물줄기 잠시 푸른빛

제7경 두미협 관어(豆尾峽 觀魚: 豆尾峽의 고기 구경)

이때 이미 두미강에서는 열두바탕 잉어몰이 낚시가 존재하였음을
가늠케 한다. 수정 같이 맑은 얼음 구멍을 통하여 본 고기를 구경하는
정경을 그리고 있다.

수정 물결 만 구멍 깊이 뚫린 곳
일천 길 쇠사슬이 가로로 쳐져
날씨 추워 두건에 눈이 쌓이고
햇살 쏘아 괴들 금빛 빛나네

제8경 송정 사후(松亭 射帿: 松亭의 활쏘기)

송정松亭은 본래 나주 정씨 입향조인 병조참의兵曹參議를 지낸 정시
윤(丁時潤; 164-1713)의 임청정臨淸亭이란 정자였으나 후에 고령 박씨 입향
조인 어사 박문수(朴文秀; 1691-1756)가 구입하여 99칸으로 고쳐 짓고 송
정松亭으로 개명하였다.

현재 일부가 남아있는 초천哨川

푸른 전나무 언덕 눈이 개이니
노란 잔디 기슭에 해가 비친다
적쇠에 살코기를 구워 내오고
활 쏘아 올린 시위 소리를 듣네

[http://남양주타임즈 2009.2.7]

초상연파조수지가 苕上煙波釣叟之家

〈苕上煙波釣叟之家〉(강성남 화백)

열수洌水 정약용은 1785년 23세 때 두미협斗尾峽 뱃길에서 이벽李檗으로부터 서교西敎에 관련된 서적을 얻어 읽은 후 4~5년 동안은 자못 마음을 기울였으나 1791년 이래로 국가의 금령이 엄하여 마침내 생각을 끊어 버렸다. 1795년 중국中國 소주蘇州사람 주문모周文謨가 변복을 하고 국내로 잠입하니 나라가 흉흉해 졌다.

이때 정조正祖 임금께서는 열수洌水를 일시 피신시키기 위하여 병조참의兵曹參議에서 금정찰방金井察訪으로 좌천시켰고, 그 후 사태가 가라앉지 않자 1797년 황해도 곡산부사에 임명하여 2년 여를 봉직케하였다.

1799년 형조참의刑曹參議로 내직에 보임되었으나 극심한 정쟁으로 인하여 낙향하였다.

1800년 초여름 처자를 이끌고 초천苕川의 농막農幕으로 돌아와 열수洌水는 적은 돈으로 배 한 척을 사서 어망 네댓 개와 낚시대 한 두 개를 마련하고 솥과 잔과 소반 같은 섭생에 필요한 여러 가지 용품들을 준비하였다.

방房 한 간을 만들어 온돌을 놓고, 집은 학연과 학유 두 아들에게 맡기고 지금까지 어려운 살림과 집안을 잘 이끌어 준 늙은 아내(풍산 洪氏)에 대한 고마움에 대한 위로와 어린 손자孫子, 그리고 어린 종 한명을 이끌고 부가범택浮家泛宅을 지어 수종산(水鐘山; 운길산)과 초천苕川 사이를 왕래하고 오늘은 월계粵溪의 연못에서 고기를 잡고 다음 날엔 문암(門岩; 지금의 楊平의 벽계)의 여울에서 고기를 잡으며 바람에 실려 물 위에서 잠을 자고 오리 처럼 둥실둥실 떠다니다가 짤막한 시가詩歌를 지어

스스로의 정과 회포를 읊고자 하는 것이 열초洌樵의 소원이었다. 그때 읊은 시詩「만출강고晩出江皐」를 소개하면

꽃이 있으면 늘 봄이요
벼슬을 쉬면 그 즉시 농부이지
우연히 삼경(松徑, 菊徑, 竹徑)따라 나왔다가
다행이도 몇 사람과 어울렸네
언덕위엔 푸릇푸릇 이삭이 돋고
모래밭 싹들은 꽃이 피기 전이로세
외로운 배로 협구峽口에 가지 말지어다
한강 어귀엔 갈바람이 부느니라.

이를 실천한 중국의 은사 장지화張志和의 연파조수烟波釣叟란 자호自號를 따라 「초상연파조수지가苕上烟波釣叟之家」라 쓰고 공장工匠으로 하여금 나무에 새겨 두었던 현판을 몇 년만에 꺼내어 붙이려 하는데 임금의 부름을 받아 한양에 돌아오면서 다시 그 현판을 유산酉山의 정자인 만향각蔓香閣에 달아놓았다. 그리고 임금으로부터 6월 12일『한시선漢書選』을 하사받는다. 그러나, 이도 잠깐 몇 일 후 정조임금은 승하하시고 아울러 열수洌水 정약용의 고난이 시작되었다.

[http://남양주타임즈 2009.2.21]

91

여유당 거기에 담긴 뜻은?

'與猶堂' 당호

열초洌樵 정약용丁若鏞이 39세 되던 해인 1800년(정조 24) 6월 28일!

정조는 종기를 앓다가 갑자기 세상을 떠나 버리고 말았다. 열초에게 정조의 죽음은 청천병력과 같은 일이었다. 열초를 죽이려 했던 노론으로부터 강력하게 버팀목이 되어주던 최후의 보루를 잃은 것이다. 그 해 겨울 열초는 정조의 국장을 마치고 고향 마현으로 돌아와 고향 집에 '여유당與猶堂'이란 당호堂號를 지어 붙였다.

열초는 〈여유당기與猶堂記〉에서 당호를 '여유당與猶堂'이라 붙인 이유를 설명하면서 그 자신의 세상을 바라보는 처지와 살아가는 태도를 아래와 같이 적고 있다.

　　나는 나의 약점을 스스로 알고 있다.
　　용기는 있으나 일을 처리하는 지모智謨가 없고
　　착한 일을 좋아하는 하나 선택하여 할 줄을 모르고,
　　정에 끌려서는 의심도 아니하고
　　두려움도 없이 곧장 행동해 버리기도 한다.
　　일을 그만두어야 할 것도
　　참으로 마음에 내키기만 하면 그만 두지를 못하고,
　　하고 싶지 않으면서도 마음속에 담겨 있어
　　개운치 않으면 기필코 그만 두지를 못한다.

　　이러했기 때문에 무한히 착한 일만 좋아하다가

남의 욕만 혼자서 실컷 얻어먹게 되었다.

안타까운 일이다. 이 또한 운명일까,

성격 탓이겠으니 내 감히 또 운명이라고 말하랴

노자의 말에

여與여! 겨울에 시내를 건너듯 하고,

유猶여! 사방(이웃)을 두려워하는 듯하다. 라는 말을 내가 보았다.

안타깝도다. 이 두 마디의 말이

내 성격의 약점을 치유해줄 치료제가 아니겠는가.

무릇 겨울에 내를 건너는 사람은

차가움이 파고 들어와 뼈를 깎는 듯할 터이니

몹시 부득이한 경우가 아니면 하지 않을 것이며,

온 사방이 두려운 사람은

자기를 감시하는 눈길이 몸에 닿을 것이니

참으로 부득이한 경우가 아니면 하지 않을 것이다.

내가 이러한 의미를 해득해 낸 지가 6, 7년이나 된다.

당堂의 이름으로 하고 싶었지만

이윽고 다시 생각해보고 그만두어 버렸었다.

초천苕川으로 돌아옴에 이르러서

비로소 써가지고 문미門楣에 붙여 놓고
아울러 그 이름 붙인 이유를 기록해서
아이들에게 보도록 하였다.

「여유당기與猶堂記」

여유당 표석과 복원된 열초 정약용 생가 '여유당' ⓒ 김준호

그는 자신을 스스로 통제하지 못하고 지모智謀와 세상을 두려워하
는 마음이 없었던 점을 스스로 확인하면서 자신이 비방을 받고 위기
에 빠지게 되는 원인이 자로 자신의 기질과 성품에 있다고 반성하고
있다. 그러나 실제 열초는 자신을 죽이려는 많은 이들로부터의 위협
에 직면하여 그에 대응하여 살얼음판을 삶을 살 수 밖에 없는 자신의

처지를 방어하기 위한 수단이기도 하였다. 그래서 그는 자신의 성품을 절제하고 배양하는 수양하는 자세를 갖겠다는 각오로 '여유당'이란 당호를 사용하였는데, 이는 열초의 그 당시의 처지를 정확하게 표현하고 있다.

그는 아들 정학유丁學游에게 보낸 편지에서

"편지 한 장을 쓸 때마다 모름지기 두 번 세 번 읽어 보면서 축원하기를, '이 편지가 네거리의 번화가에 떨어져 원수진 사람이 열어보더라도 내가 죄를 입지 않게 하소서'라 하고, 또 '이 편지가 수백 년 뒤까지 유전되어 많은 안목 있는 사람들에게 보여져도 내가 비난받지 않게 하소서'라고 한 뒤에 봉함해야 하니, 이것이 군자가 근신하는 태도다."

라 훈계하며, 말과 행동을 의심받지 않도록 간곡하게 당부하고, 근신하여 하늘을 섬기고 집안을 보존할 수 있다고 강조하고 있다. 편지 한 장 한 장 말 한 마디도 의심을 받지 말도록 조심하라는 글을 보낼 정도로 매사에 조심했음을 알 수 있다. 그러나 그는 살얼음판을 걷는 것처럼 조심했지만 현실은 무사할 수 있었던 것은 아니었고, 목숨을 겨우 건졌지만 곧 18년이라는 긴 유배의 길을 떠날 수 밖에 없었다.

[http://남양주타임즈 2009.3.20]

망하루望荷樓

'망하루'가 있던 장소에는 현재 음식점이 들어서 있다.

정조 16년(1792) 4월과 5월은 사도세자를 둘러싼 문제로 조정은 매우 시끄러웠다. 그러나 열초洌樵 정약용丁若鏞은 이 문제에 적극적으로 참여할 수 없었다. 부친 정재원丁載遠의 급서 때문이다. 진주목사로 재직 중이던 부친이 위독하다는 소식을 대궐에서 듣고, 정약현丁若鉉·정약전丁若銓·정약종丁若鍾 등 형제들과 진주로 내달렸다. 그러나 형제들은 진주에 도착하기 전 운봉현雲峰縣에서 부친의 사망 소식을 듣고 오열할 수 밖에 없었다. 이때가 정조 16년(1792) 4월 9일이다.

열초 형제(정약현, 정약전, 정약종, 정약용)들은 진주에서 부친의 상을 당해, 선영이 있는 충주의 하담(荷潭; 현 충청북도 충주시 금가면 하담리)으로 영구를 모셔 장례를 치르고 돌아와 초천苕川의 집에서 3년간의 여막살이를 시작하였다. 상복을 벗기도 전에 집이 무너지려고 해서 아버지가 남기신 뜻을 좇아 지붕을 이고 수리를 하였다. 큰형님 정약현(丁若鉉; 1751-1821)이 특별히 목수를 시켜 집의 동남쪽의 석림石林에 반 칸쯤의 땅에 누대를 세우라고 하였다. 그러자 친척과 동네사람들이 이 누대 짓는 것을 보고 모두 헐뜯어 말하기를, 그 규모가 협소하여 불편하다고 했으나 큰형님 정약현은 이에 조금도 흔들리지 않았다. 상복을 벗은 뒤에 그 누대에 '망하望荷'라는 편액을 걸고는 매일 매일 아침 잠자리에서 일어나기만 하면 즉시 망하루에 올라가 있었는데, 슬퍼하고 근심하는 모양이 마치 무엇을 바라보려고 하지만 보이지 않는 것처럼 했고, 애처롭게 탄식하면서 어떤 때는 해가 저물어도 돌아갈 줄을 몰랐다. 그러자 전에 누대가 불편하다고 헐뜯던 사람들도 그것이 돌아가신 부모님을 기리는 생각에서 나왔다는 사실을 알고나서는 다시는 말하지 않았다.

　대체로 하담荷潭은 초천苕川에서 무려 2백리나 떨어진 충주에 있다. 그곳은 높은 산이 병풍처럼 우뚝 서 있고, 그 사이에 있는 산도 첩첩이 둘러싸고 있어 그 수를 다 헤아릴 수 없다. 그러므로 비록 천 척이나 되는 높은 누대를 짓고 그 위에 발꿈치를 세우고 목을 빼고 바라본다고 해도, 어찌 하담荷潭 산소에 있는 소나무 끝인들 조금이나마 보이겠는가, 바라보려고 해도 보이지 않는 점에 있어서는 평지에서나 '망하루'에서나 마찬가지인데, 왜 만들었겠는가? 비록 부친이 잠들어 계신 하담이 보이지 않는다고 해도 열초 형제들의 부친을 향한 마음인 것일 뿐이다.

　이러한 형제들의 부친에 대한 그리움은 실제 열초가 1801년 신유박해 때 화를 입고 장기長鬐로 유배를 가는 도중에 지은 시詩「하담별荷潭別」에 잘 나타나 있다. 여기에서 열초는 8대에 걸쳐 옥당玉堂에 들어간 가문이 하루아침에 몰락한 것을 참회하고 불효에 대한 뉘우침으로 속죄하고 있다.

　　아버님 아십니까 모르십니까
　　어머님 아십니까 모르십니까
　　우리 가문 갑자기 뒤집혀져서
　　형제가 일사이적一死二謫되었어요

99

내 목숨 겨우 부지했지만
육신은 슬프게도 이지러졌어요
아들을 낳으시고 부모님 기뻐하셨고
기르실 때 품안에 안으시고 정성 다하셨지요
천륜의 공 갚으라 말씀하셨지
어찌 유배죄인 되랴 생각하셨겠어요
세상 사람들에게 바라는 바는
다시는 아들 낳았다 기뻐하지 말라

[http://남양주타임즈 2009.3.20]

성균관 시험에 세 번 낙방한 열초 정약용

1780년 12월 열초洌樵 정약용丁若鏞은 9세 때 별세한 어머니 해남 윤씨의 묘소가 있는 충주 하담(荷潭; 지금의 충주시 금가면 하담리)에 성묘를 하였는데, 이때는 이미 부친 정재원丁載遠이 어사의 탄핵을 받고 있는 중이었고, 설상가상으로 장인 홍화보洪和輔가 다음 해 2월 숙천肅川으로 귀양을 가게되는 안밖으로 그에게는 어려운 시련기를 맞게 된다.

1781년 4월 15일 큰형 정약현丁若鉉의 처남이며 친구인 이벽李檗과 함께 상경하여 성균관 시험을 보았다. 이 때 지은 "권유倦遊"詩에 "시삼굴반궁지유회현방時三屈泮宮之留會賢坊"이라 하였으니, 반궁泮宮은 성균관을 뜻하며 회현방會賢坊은 열초 정약용의 서울집을 말하는 것이니 성균관 시험에 세 번을 낙방하였음을 알 수 있다.

같은 해 3월부터 7월까지 부인 윤씨는 학질에 걸려 100여 일을 앓았는데 이때 부인은 첫 임신이었으니, 그 일로 인해 첫딸은 조산으로 태어난지 5일만에 사망하였다. 이렇게 딸이 죽는 우환이 있었지만 부인

열초 정약용을 조선 최고의 학자로 키운 생가 여유당與猶堂 앞에 펼쳐진 열수洌水

의 격려를 받으며 미천尾泉으로 이사한 큰작은아버지 정재진丁載進 댁
을 오가며 다시 과거시험科擧試驗을 준비하였다. 과거시험 준비 중인 7
월에 지은 우물을 예찬한 노래가 있으니 소개하면

> 홍수 만나 산에까지 물이 차도 아니 넘치고
> 가뭄 들어 쇳덩이가 녹는데도 아니 마르는데
> 일천 사람 길어가도 모자람이 없고요
> 오물이 온통 널렸어도 더럽지가 않다네
> 옥우물이 넘치어 천만 년을 흐르는데
> 맑은 약수 떠마시니 목구멍이 상쾌하고

용단차에 시험하여 고질병을 다스리니
해말기는 수정이요 달기는 꿀맛일세
육우陸羽가 만약 오면 어디에서 샘 찾을꼬
원교原嶠의 동쪽이요 학령鶴嶺의 남쪽이라네.

열심히 준비한 보람이 있어 열초 정약용은 같은 해 8월 수촌水村에 있는 부마 홍현주洪顯周 댁에서 잠을 자다가 집에서 보낸 편지를 새벽녘에 받았는데 성균관 합격 통지서進士試였다. 과거 시험 준비로 인해 몸의 쇠약함이 극에 달하여 그 해 겨울 몇 되의 피를 토하니, 추측컨대 결핵을 앓은 것으로 판단된다.

열초는 이에 대해 "장덕해張德海라는 사람이 약 한 첩을 가져와 먹고 병이 낳았다. 그 뒤 마현馬峴 집으로 내려와 스무 첩을 더 먹었다. 장덕해는 부마 홍현주 댁의 식솔로서 부마를 따라 연경에 오가며 그 약의 비법을 터득하지 않았나 생각이 든다"고 하였다.

이렇듯 조선 최고의 학자로 자타가 인정하는 열초 정약용은 본인 스스로 세 번이나 성균관 시험에 낙방하고 작은형님 정약전은 성균관 시험進士試에 바로 합격한 것을 자찬묘지명에서 밝히고 있다.

[http://남양주타임즈 2009.3.28]

백아곡白鴉谷 오엽정五葉亭

검단산 백아곡 전경

삿갓만한 정자에 오엽이라 편액했으니
백아곡 입구에다 산 옆구리에 자리했네
세 가장귀 다섯 잎새는 본디 신선의 약초라.
반드시 천만첩의 깊은 산중에 나는 거라오.

이상의 노래는 열초洌樵 정약용丁若鏞이 1827년 정해丁亥 7월에 지은 "오엽정가五葉亭歌" 장시長詩 가운데 초장인바 백아곡白鴉谷은 두미강의 도미진 건너 서쪽에 자리하고 있으니, 지난 번 신다新茶 조條에 소개한 바 있다.

1818년 강진으로부터 해배 후 고향 마현馬峴에 돌아 왔으니 모진 가난이 기다리고 있었다.

1827년 검단산 백아곡 비탈진 밭을 얻어 두 아들과 함께 인삼人蔘농사를 지어 가난을 벗어나려 하였는데, 큰아들 학연學淵의 나이 낙서洛書의 숫자이고, 작은 아들 학연學游는 패경貝經이라, 낙서洛書의 숫자라 함은 45세요, 패경貝經은 곧 불경에서 42세를 뜻한다.

열초洌樵는 백발이 성성한 아들 들을 바라보며

아비의 숱한 죄악에 눌리어 크지도 못한 채 백발이 성성해라 어찌 다 뽑을 수 있으랴

하며 깊은 탄식에 빠진다.

105

일단 책을 읽고 글 짓는 일들을 접어두고, 오직 생계의 수단즉 생활의 큰 계책이 인삼밭 가꾸는데 있었다.

백아곡白鴉谷에 오르려면 꽤나 가파러 숨이 차는 지경이었으니, 잘만 되면 자자손손 세업世業으로 전하여도 무방하게 생각하였고, 또 돈과의 만남이 늘 연결되어 있으니 끼니 걱정은 해소할 것으로 믿고 열성을 다했다.

> 얇디얇은 서늘한 막 안에는
> 세 가장귀 다섯 잎새가 자라는데
> 항상 예쁜 건, 씨가 익을 때이면
> 남옥藍玉빛 홍옥紅玉빛이 뒤섞인 거로세.

이처럼 인삼농사를 사랑하여 그의 "삼정십영蔘亭十詠" 중 인삼막蔘棚에서 예찬하였다.

[http://남양주타임즈 2009.4.3]

열수와 마현

강건너에서 바라다 본 다산 유적지 전경

이규보李奎報는 「백운거사어록白雲居士語錄」에서 "거처하는 바를 따라서 號로 하는 사람도 있고, 그가 간직한 것을 근거로 하거나, 혹은 얻은 바의 실상을 號로 한 사람들도 있었다."했는가 하면

또 신용호申用浩는 號를 짓는 네가지 기준을 말한바 있는 데

① 소처이호所處以號 ; 생활하고 있거나 인연이 있는 처소를 號로 삼고,

② 소지이호所志以號 ; 이루어진 뜻이나 이루고자 하는 뜻으로 號를 삼고

③ 소우이호所遇以號 ; 처한 환경이나 여건을 號로 삼고

④ 소축이호所蓄以號 ; 간직하고 있는 것 가운데 특히 좋아하는 것으로 號를 삼는다.

이상 네 가지 기준에 의하여 자호自號를 하기도 하고 부모, 스승, 친구 들이 내려 주기도 한다. 본래의 이름이나 자字 외에 허물없이 부를 수 있도록 지은 것이 號이다. 號는 두 가지 이상 이름을 가지는 복명속複名俗과 본래의 이름 부르는 것을 피하는 실명경피속實名敬避俗이란 풍속에 그 근원을 두고, 당대唐代에 시작하여 송대宋代에 일반화 되었다.

병조참판 윤필병尹弼秉은 열초洌樵와 대단히 가까운 사이로 용진龍津에 살았다. 하루는 여러 명사들과의 모임에서 집주인 윤필병이 말하기를 "아무나 號를 지어 부르니 號라는 것이 온 천하에 가득 차서 나는 이것이 부끄러워 무호無號라 이름하고 무호암無號菴이라 당호堂號하였소." 이때 자호를 여유당거사與猶堂居士라 부르는 초계苕溪 정약용丁若

鏞이 가로되,"당호堂號의 예例에, 집에 앉아 남산南山을 볼 수 있으면 유연悠然, 석색石色이 문에 임해 있으면 읍취挹翠, 강물 빛이 난간에 들어오면 영파映波, 세속을 멀리 하고자 하는 사람은 눌재訥齋라 합니다. 이와 같은 號는 사람이 봐서 눈에 익숙하고, 들어서 귀에 익숙하기 때문에, 그를 대하여서는 號를 부르지만, 되돌아서면 잊어버리게 되니 이와 같은 것은 이름을 피하지 않아도 이름이 따라붙지 않습니다." 그러므로 무호無號라는 빼어난 號는 새로운 발견에 놀라, 기이하게 여김으로서 집에 가서도 되뇌이고 종신토록 잊지 못할 훌륭한 號라고 예찬하였다.

강진 유배시 다산이 머물던 다산초당(복원이 잘못되었음) ⓒ 윤종일

이 글은 정초계丁苕溪의 무호암기無號菴記에 적혀 있는 것이다.

열초洌樵가 강진에 있을 때 두 아들에게 답한 글에 "월사月沙 이정구 李廷龜를 연안延安 李 아무개라 칭하고, 호주 채유후蔡裕後를 평강 蔡 아무개라고 칭하는데, 이는 모두 잘못이다. 너희들은 이제부터 책을 짓 거나 초록抄錄할 때에 열수洌水 丁아무개라고 칭하는 것이 좋을 것이 다. '열수'라는 두 글자는 천하에 내 놓아도 충분히 드러낼 만하고, 고 향을 밝히는 데에도 매우 친절하다."하였으니 단순히 한강변에 사는 정약용이 아니라, 고향을 지칭한 것이다.

또 하나 분명한 것은 두 아들에게 보여주는 가계家誡에서 "우리 집 안의 마현馬峴도 역시 그러하니 비록 전답이 무척 귀하고 수리水利와 땔감 구하기가 불편하여도 차마 떠날 수 없는 곳이다."라 하였으니 오 히려 '마재' 보다는 '마현馬峴'이 적칭이 아닐까? 구태어 한글의 '재'를 고집한다면 어쩔 수는 없으나, 적어도 이곳은 위대한 학자 정약용을 배출한 성지聖地가 아닌가?

열초洌樵의 「철마변鐵馬辨」에서도 "임진왜란 때 왜구 가운데 풍수학 을 잘 아는 자가 있어 '산천이 수려하므로 이것으로 그 정기를 눌러놓 고 간다.'고 하였는데, 늘 동네에 우환이 끊이지 않으니 마을 사람들이 그를 위하여 콩(菽)과 보리(麥)를 삶아서 조심스럽게 제사를 지냈다. 인 하여 동네를 마현馬峴이라 하였다."고 옛 사람들의 말을 전하고 있다.

한진호(韓鎭戶; 1792~)의 「도담행정기島潭行程記」에도 쓰기를, "『문헌비 고』에 '한수漢水가 서쪽으로 흘러 마점麻岾을 지난다.'했는데 이 마점麻

岾이 곧 마현馬峴이니, 자서字書에 '점岾'자가 없는데 우리나라 사람들이 새로 만들어, 고개를 가리켜 점岾이라 하는 데, 유점사楡岾寺의 유점楡岾 따위가 바로 이것이다."

다음은 『다산시문집茶山詩文集』에 있는 정약용의 號 일람표인바 분석은 다음에 싣기로 한다.

丁若鏞 號 일람표

마현(馬峴)		강진(康津)		기타(其他)	
열수(洌水)	38회	다산(茶山)	40회	정용(丁鏞) 정자(丁耆)	34회
열수옹(洌水翁) 열수산인(洌水山人) 열노(洌老) 열보(洌보) 열초(洌樵)	14회	다산주인(茶山主人) 다산초부(茶山樵夫) 다산초자(茶山樵者)	5회		
어유당거사(與猶堂居士) 어유병옹(與猶病翁)	4회			탁피족인(籜皮族人)	1회
철마산초(鐵馬山樵) 철마초부(鐵馬樵夫)	2회			삼미(三眉)	1회
초계(樵溪)	1회			사암(俟菴)	1회
11종 59회		4종 45회		4종 38회	

* 상기 자료는 『茶山詩文集』에 있는 자료를 참고한 통계임.

[http://남양주타임즈 2009.4.12]

열수 정약용 선생 가계도

22世		23世	24世	
丁載遠 (1730-1792) 字; 器伯 號; 荷石	宜寧 南夏德 女 (1729-1752)	丁若鉉 (1751-1821) 字; 太玄 自號; (釜)淵 堂號; 守吾齋 詩稿; 3卷 樓號; 望荷樓		
		慶州 李溥萬 女 (1750-1780) 李檗의 妹	丁震興 早卒	黃嗣永 (알렉시오) (1775-1801)
			丁命連	洪永觀
			丁 女	洪梓榮 (쁘로라시오)
			丁蘭洙(마리아)	
		義城 金柱義 女	丁 女	鄭浹
			丁 女	權袗
			丁 女	金性秋
			丁 女	睦仁表
			丁學樹 (1797-1817) 馬峴 字 藝叔	?
			丁萬壽 早卒	
			丁學淳	?
	海南 尹德烈 女 (1728-1770)	丁 女	평창 李承薰 (베드로) (1755-1801)	

丁載遠 (1730-1792) 字;器伯 號;荷石	海南 尹德烈 女 (1728-1770)	丁若銓 (1758-1816) 字; 天全 號; 一星樓/巽菴 齋 號; 每心齋	豊山 金敍九의 女	丁學樵(九샹) (1791-1807) 字; 漁翁	坡平 尹氏 鳥谷
				丁 女	洪鳳周
				丁學武	
		丁若鍾 (아우구스티노) (1760-1801)	李秀匡의 女	丁哲祥(카롤로) (1782-1801)	洪敎萬의 女
			柳召史 (세실리아) (1761-1839)	丁夏祥(바오로) (1795-1839)	?
				丁情惠 (엘리자벳) (1797-1839)	
		丁若鏞 (사도 요한) (1762-1836) 字號; 洌水 /茶山/三眉子/ 鐵馬山樵/ 洌樵/俟菴 堂號; 與猶堂 苕上煙波釣叟 之家 亭子; 品石亭	豊山 洪和輔의 女	丁 幼女 (1781-1781)	
				丁學淵 (1783-1859) 아명; 학가 字; 武样(样)	平昌 李承薰 妹
				丁學游 (1786-1855) 아명; 학포 字; 文样 號; 耘逋 〈농가월령가〉	
				丁懼样　早卒 (1789-1791) 斗尺山	
				丁孝順　早卒 (1792-1794) 斗尺山	
				丁 女 (1795-?)	海南 尹昌謨
				丁三童　早卒 (1796-1797) 鳥谷	
				丁農样　早卒 (1799-1802) 斗尺山	
				丁幼子　早卒 (1800-1800) 斗尺山	
	其室				
		丁 女	平康 蔡弘謹 蔡濟恭의 庶子		

		丁女	李圭植 李仁燮의 庶子		
		丁女 早卒	淸州 韓氏 鳥谷		
		丁若鑽	平昌 李氏 鳥谷		
			驪興 閔氏 鳥谷		
			蔡氏 鳥谷		
丁女	安東 金氏		李氏 鳥谷		
丁載運(1739-?)	?				
丁載進 (1740-1812) 字:晉吾 號:忘窩	南陽 洪性全 女	丁若裕			

열수 정약용의 고향 마을 초천

열수 정약용이 어릴적부터 함께 하며 열수의 생가 앞을 흐르던 초천苕川

열수 정약용은 일찌기 「임청정기」에서 정씨丁氏 문중이 초천苕川에 정착한 무렵의 이야기를 기록하면서 초천苕川이 만들어진 역사에 대해 아래와 같이 적고 있다.

"옛날 백년 전에는 소양강昭陽江이 고랑皐狼 아래에 이르러 동쪽으로 남주藍州의 북쪽을 지나 남강南江에 들어갔다. 그러므로 남강은 물살이 빠르고 거세게 곧장 서쪽을 달려 반고盤皐의 아래에서 합쳐졌다. 그리하여 홍수가 질 때마다 반고는 물에 잠기므로 사람들이 그곳에는 살지 않았다.

그 뒤에는 소양강이 아래로 부암鳧巖의 남쪽에 이르러 비로서 남강과 만나 남강의 거센 물살을 밀어내어 물리쳤다. 물은 귀음龜陰의 강기슭을 지나 석호石湖의 동쪽에 이르러 비로서 꺾어져 서쪽으로 향하게 되므로, 이때에는 반고가 우뚝 높은 위치에 있게 되어 촌락이 이루어졌다. 이것이 초천이 생기게 된 역사이다."

그리고 열수는 17세에 읊은 시 「환초천거還苕川居」에서도

서둘러서 고향 마을 도착해보니
문 앞에는 봄 강물이 흐르는구나

기쁜 듯 약초밭둑에 서고 보니
예전처럼 고깃배가 보이누나

꽃이 만발한 숲 사이 초당은 고요하고
소나무 가지 드리운 들길이 그윽하네

남쪽 천리 밖에서 노닐었지만
어디 간들 이 좋은 언덕 얻을 거냐

수천리 떨어진 남쪽 지방을 유람해 보았으나 고향인 초천苕川만한
곳이 없다고 읊었다.

또한 열수 정약용은 이중환의 택리지 발문에서

"나의 집 초천苕川의 시골인데, 물은 몇 걸음만 가면 길어올 수 있으
나, 땔감은 10리里밖에서 해오며, 오곡五穀은 심는 것이 없고, 풍속은
이익만을 숭상하고 있으니, 낙원樂園이라고는 할 수가 없고, 취할 점은
오직 강산江山의 뛰어난 경치뿐이다. 그러나 사대부士大夫가 땅을 점유
하여 대대로 전하는 것은 마치 상고上古 시대 제후諸侯가 그 나라를 소
유함과 같은 것이니, 만일 옮겨 다니며 남에게 붙어 살아서 크게 떨치
지 못하면 이는 나라를 잃은 자와 같은 것이다. 이것이 바로 내가 미련
을 버리지 못하고 머뭇거리면서 초천을 떠나지 못하는 이유이다."
라고 하면서 땔감을 10리 밖에서 해오고, 오곡五穀을 제대로 심는 것도
없는 등 생활에 많은 어려움과 불편이 있지만 고향을 버리지 못하는
심경을 적고 있다.

또한 「두 아들에게 주는 편지」에 쓰기를 고향의 터전을 보존하지 못하면 마치 나라를 잃은 것과 같다고 하면서 두아들에게 아무리 어렵더라도 초천의 고향만은 지켜야 한다고 일깨워주고 있다.

"우리 집안의 마현馬峴도 역시 그러하니 비록 전답이 무척 귀하고 수리水利와 땔감 구하기가 불편하긴 하지만 차마 쉽게 떠날 수 없는 곳이다. 더구나 요즘 상란喪亂을 당한 뒤이겠느냐? 참으로 재간이 있다면 이곳에서도 가업家業을 일으킬 수 있겠지만 게으르고 사치스러운 습관을 고치지 않는다면 아무리 기름진 곳에 살더라도 배고픔과 추위를 면하지 못할 것이니 옛 터전을 굳게 지켜야 할 것이다."
하였다.

[http://남양주타임즈 2009.4.30]

파당巴塘은 팔당八堂

두미강의 입구, 예빈산과 검단산을 끼고 있는 팔당

열초洌樵의 詩에 다음과 같은 싯귀가 나온다 "동번東樊 이만용과 옛날 무은 약속이 있었다." 또 다른 싯귀에 "파당에서 말을 타고 빠져 나온다."고 하였다.

열초洌樵는 늘 지나 다니던 지금의 팔당八堂에 대하여 1787년 4월 15일에 쓴 「파당행巴塘行」이란 詩의 주注에 이르기를 "이때 부친을 뫼시고 소내馬峴로 가던 중 밤이 되어 당정촌唐汀村에서 잠을 잤다."하였으니 詩의 제목에서와 같이 '파당'과 '팔당'은 음音이 비슷하므로 이는 같은 이름이 아니겠는가.

열초洌樵의 아들 유산酉山 정학연丁學淵은 그의 『삼창관집三倉館集』의 「계해집癸亥集」(1803년) 안에 「팔당촌이수八堂村二首」라는 詩 한편이 소개되었는바, '팔당'이라는 이름은 이대부터 유래한 듯하다.

한진호의 「도담행정기島潭行程記」 1823년 4월 13일 조條에 지금 표기되는 '팔당八堂'이란 이름을 쓰고 있다. 그리고 "강물이 두 갈래로 나뉘었고 섬洲이 있는데 '당정점當精苫'이라 한다.(江水分爲二派有洲曰當精苫也)" 하였으니 열초洌樵의 '당정촌唐汀村'과 한진호의 '당정점當精苫'은 한자는 다르지만 같은 音인 것을 알 수 있다.

지금의 팔당은 두미협豆尾峽의 시작이니 여지승람에서 말한 도미진渡迷津인바 강물의 양쪽 언덕의 돌길은 얽히고 구불구불하여 험하고 걷기가 힘들고 어려운 곳이 10여리에 가깝다.

또한 문헌비고에 이곳을 '두미천斗尾遷'이라 하였는데 이는 신라新羅의 방언方言에 물가의 돌길을 천遷이라 한데서 쓰인 말이다.

두미강斗尾江의 입구 팔당은 남양주의 예빈산과 하남의 검단산 사이가 좁아 그 모양이 마치 초강楚江의 협구峽口와 비슷하여 "파릉巴陵의 원숭이가 여기에 오면 문득 슬퍼 울고 방황한다."하였으니 이는 우리나라 옛 땅과 서로 비슷하기 때문이라고 옛 사람들은 전하였다고 한다.

열초洌樵는 이 글의 처음과 같이 비밀스럽고 노출을 꺼리는 일들을 마현馬峴 본가本家가 아닌 이곳 팔당을 이용한 듯 하다. 그의 「자찬묘지명自撰墓誌銘」에 쓰기를 "갑진년(甲辰年; 1784) 여름 이벽李檗을 따라 두미협豆尾峽에서 배를 내려 비로서 서교(西敎; 천주교)를 듣고, 한 권의 서적을 보았다."고 하였다.

이곳은 지금 팔당대교가 놓이고, 팔당 전철역이 들어서고 남양주 시립박물관이 건축되고 있다.

또 미구에 '4대강 살리기인지 죽이기 인지'사업이 벌어지면 열초 정약용 등 많은 사람들이 오가던 옛 팔당의 운치는 사라질 위기에 처해 있다.

[http://남양주타임즈 2009.5.4]

열초 정약용의 서재, 삼사재三斯齋

열초 정약용 묘에서 바라본 생가, 여유당

열초 정약용은 강진으로 유배된 후, 세상을 향한 "문을 닫아걸고" 학문에만 몰두해야만 했다. 그러나 그런 정약용에게 가정적으로도 불행은 잇달았다.

강진으로 유배 온 이듬해(1802) 겨울 네 살 짜리 넷째 아들 농장 불과이 죽었던 것이다. 항상 마음 속에 빚으로 생각하고 있던 막내였다. 벌써 네 번째로 잃는 아들이었고 딸까지 합치면 다섯 번째였다. 귀양지 강진에서 오로지 열초 정약용이 할 수 있는 일은 두 아들에게 편지를 쓰는 것뿐이었다.

열초 정약용은 두아들에게 보낸 편지에서 "몸을 움직이는 것과 말을 하는 것과 얼굴빛을 바르게 하는" 이 세 가지를 고향집 서재의 이름, '삼사재'로 짓고, 두 아들에게 학문을 해야 하는 이유를 깨우쳐 주고 실천케해 교육에 대한 열정을 실천하려고 하였다. 이에 대한 내용이 『다산시문집』「두 아들에게 부친다(1803년 정월 초하루)」에 나와 있는데 아래와 같다. 이글에는 자식을 사랑하는 열초 정약용의 애틋한 마음이 잘 드러나 있다.

이렇게 살펴본다면, 학문을 닦을 때 가장 먼저 해야 할 일은 '용모를 움직이는 것(動容貌)', '말을 하는 것(出辭氣)', '안색을 올바르게 하는 것(正顔色)'이라고 할 수 있다.

진실로 이 세가지에 힘을 쏟지 않는다면 제아무리 하늘의 이치를 꿰뚫어 보는 재우와 남보다 탁월한 식견을 갖추고 있다 해도 자기 한 몸 지탱하기도 힘들 것이다. 그러한 폐단으로 말미암아 함부로 말하고 제멋대로 행동해 세상을 훔치는 도적이 되고, 큰 악惡을 저지르며, 이단異端과 잡술雜術을 일삼게 된다.

그래서 나는 서재에 이름을 '삼사三斯'로 붙이려고 한다. 삼사三斯라는 말은 '난폭하고 태만함을 멀리하는 것(斯遠暴漫)', '비루하고 천박함을 멀리하는 것(斯遠鄙倍)', '진실을 가깝게 하는 것(斯近信)'을 가리킨다.

나는 지금 너희들이 덕德에 나아갈 수 있도록 하기 위해 이 '삼사三斯'를 준다. 너희들은 '삼사三斯'로써 서재에 이름을 짓고 기문을 써서, 차후 오가는 사람 편에 부치도록 해라. 나 역시 너희들을 위해 글을 쓰도록 하마.

또한 너희들은 이 편지의 내용을 근거삼아 잠(箴; 경계하거나 훈계하는 뜻을 적은 글의 형식) 세편을 짓고 '삼사잠三斯箴'이라고 이름을 붙여라. 그러면 남송의 유학자인 정부자程夫子가 지은 사물잠(四物箴; 視箴, 聽箴, 言箴, 動箴)의 아름다움을 이어받을 수 있을 것이다. 그렇게 되면 더할 나위 없이 큰 복이 될 것이다. 간절히 바라고 바란다."(深望深望)

[http://남양주타임즈 2009.5.16]

람자주 소견所見

현재 족자도로 불리는 람자주藍子洲

『신증동국여지승람』양근楊根 산천조山川條를 읽어보면 대탄大灘은 군郡의 남쪽 10리되는 곳, 여강(월계강)과 용진강이 합류하는 지점에 있다고 하고, 마현산馬峴山은 군의 쪽 10리 지점이라 하였으니 동의 할 수 있으나, 용진도는 군의 서쪽 44리에 있으며, 병탄은 군의 서쪽 45리 지점에 있고, 여강 물과 용진 물이 여기서 합쳐져 붙여진 이름이라 하였으니, 글의 내용은 틀림없다, 하지만 거리는 전혀 맞지 않음을 알 수 있다.

용진도龍津渡는 대탄大灘 이전 용진강龍津江에 있어야 하므로 오히려 군의 서쪽 8리 쯤이며, 병탄幷灘은 여강과 용진강이 합수하는 지점이라 하였으니, 군 서쪽 10리에 해당된다. 그러므로 대탄大灘과 병탄幷灘은 같은 여울을 표기한 것으로 보아야 한다.

대탄大灘의 물 한가운데 돌(바위)이 있는데, 같은 책 양근楊根 산천조山川條를 전재하여 다시 한번 이해를 돕고자 한다.

"돌이 물 가운데를 가로 질렀는데 물이 넘으면 보이지 않고, 물이 얕아지면 파도가 부딪쳐 격동하고 쏟아져 흘러서 하도下道의 수운水運하는 배들이 가끔 표몰漂沒되었다. 고려 때에 왕렴王廉이라는 사람이 건의하여 임금께 아뢰어 그 돌을 조금 파내었으나 실패하였고, 그 뒤로부터 물의 형세가 더욱 험하여 졌다.

본조 세조世祖 때에 구원충具遠忠을 보내어 돌을 파내게 하였다. 물 가운데 나아가 그 돌의 둘레에 나무 문지방을 쌓아서, 물을 말리고 팠으나, 또한 끝내 성취하지 못하였다. 세상에서는 염예퇴灧預堆에 비유

하였다"

염예퇴瀯預堆는 양자강 중류에 있는 돌을 뜻한다. 그리고 그 돌은 약 300여 년이 흐른 1740년에 겸재 정선의 그림 '독백탄도獨伯灘圖'에 표현 되어 있다.

겸재 정선의 '독백탄도' 모사도(강성남)

겸재 정선의 그림에 화제畵題를 '독백탄'이라 하였다. 최완수는 글에 "겸재는 족簇이라는 음音까지도 순수 우리 말인 '쪽'이라 의역하여 음 가音價도 비슷한 '독獨'으로 표기하므로서 족자여울을 모두 훈독訓讀하

127

여 이름을 '독백탄'으로 바꾸어 놓았다"하였다.

위의 글은 겸재 자신의 스승인 삼연三淵 김창흡金昌翕의 「주구일기舟丘日記」 3월 4일자의 기록에 '족백탄簇佰灘'으로 되어 있는 바, 우리말 족자섬 마을, 즉 족자여울을 한자漢字로 차기借記하면 족백단이 되는데 족은 음音을 취하고 백栢은 잣백으로 의역하여 훈訓을 취한 것에 대한 의견이다.

그런데 여기서 열초 정약용의 글에 남자주藍子洲 또는 람자도島라 하여, 족簇자 대신 람藍자로 표기하였으니, 순수 우리말로 '쪽'람자字를 썼다. 또한 잣 백栢자를 우리 음인 자子 자字를 써서 더 한껏 멋을 부렸다.

그러면 현재를 살고있는 사람들은 어떠한가?

표기는 족척도簇尺島로 하여 족簇은 삼연三淵의 쪽을 취고, 척尺은 자척으로 국어음을 취하여 '족자도'라 부르고 있다.

하나의 작은 섬을 두고 족簇, 독獨, 람藍 그리고 백栢, 자子, 척尺 등 여러 이름으로 불리워진 것을 확인할 수 있다.

옛 선조들의 멋스러움에 다시한번 감탄하며 부러울 뿐이다.

[http://남양주타임즈 2009.6.20]

열초 정약용이 벼농사를 짓다.

초천에 흐르던 물이 벼농사에 이용되지 않았을까?

129

1788년 8월 서학西學의 박해가 시작되니 정언 이경명李景溟이 서학의 폐단을 상소함으로서 "오늘날 세속에는 이른바 서학이란 것이 진실로 하나의 큰 변괴입니다. 근년에 성상의 전교에 분명히 게시하였고 처분이 엄정하였으나, 시일이 조금 오래되자 그 단서가 점점 성하여 서울에서부터 먼 시골에 이르기까지 돌려가며 서로 속이고 유혹하여 어리석은 농부와 무지한 촌부까지도 그 책을 언문으로 베껴 신명처럼 받들면서 죽는다 해도 후회하지 않습니다.…(上疏曰 今俗所謂西學 誠一大變怪 頃年聖敎昭揭 處分嚴正 而日月稍久 其端漸熾 自都下以至遐鄕 轉相詐誘 雖至愚田氓 沒知村夫 諺謄其書 奉如神明 雖死靡悔…,『정조실록』권 제26, 정조 12년 8월 2일(신묘))"하였다.

이후 서학관련 서적을 모두 불태우고 많은 사람들이 고초를 겪게되고 결국 열초洌樵 정약용丁若鏞에게도 불똥이 튀어 1790년 3월 해미海美로 유배를 가기에 이른다.

그 후 잠잠한듯 하더니 1794년 12월 淸나라 주문모周文謨 신부가 밀입국, 상겨上京하여 포교를 시작하였다. 그러나 김시삼金始三이라는 신자가 관가에 고발함으로서 많은 신자들이 죽임을 당하고 급기야 정약용도 양학혹염洋學惑染의 소를 올리고 승지벼슬을 사직하고 낙향하기에 이른다.

사실 정약용은 이보다 일찍이 사태의 심각성을 감지하고 은거할 만한 곳을 물색하여 쓰니, 대산對山 김매순金邁淳의 전장田庄인 양근楊根의 문암장門岩莊이었다. 문암은 벽계蘗溪의 남쪽이요, 벽계는 장미원莊美源

의 남쪽이라, 자리를 잡고 살만한 전답田畓을 찾았으니 이때는 1787년 4월 이었으며 중형仲兄 정약전丁若銓과 동행하였다.

원래 문암장은 김창흡(金昌翕; 1653-1722)의 전장田庄이었다. 1689년 기사환국己巳換局으로 아버지 김수항(金壽恒; 1629-1689)과 영의정을 지낸 큰아버지 김수흥(金壽興; 1626-1722)이 사사되자 관직을 사직하고 은거한 곳이다. 당시 소유자는 김창흡金昌翕의 고손高孫 김매순(金邁淳; 1776-1840)으로 오랫동안 학문적 친구인 열초 정약용의 어려운 사정을 알고 문암장門岩莊의 토지를 떼어 준 듯하다. 그리고 1787년 9월 수확철에 벼베는 것을 보기위해 수 십일동안 문암장門岩莊에 머므르게 된다. 다음 해에도 감농한 흔적이 있으며, 적어도 10년 이상 문암장門岩莊에서 벼농사를 지은듯하다.

1798년 3월 27일 글에

"문암장이라는 마을이 있는데 북쪽 양언덕이 마주서서 門을 이루었다. 문암촌 앞에는 보리밭이 있는데 1백일은 갈아야 다 갈 수 있는 면적이며 논도 평평하고 넓어 마치 양주楊州의 미음渼陰들과 같다."하였다.

1819년 윤4월 15일 해배후 하담荷潭가는 길에 문암장門岩莊에서 詩를 짓는데 첫 首는

    꿈에서도 문암장을 생각해 온 지가
    이제까지 사십년이 되었는데

초천에 놓여진 배다리 위에서

산 속에 은거하는 건 못 이루고
도리어 바다 남쪽에 귀양을 가서
백발과 함께 은거하기를 꾀하고
좁쌀 심자고 메마른 땅 찾았네
애석히도 남은 서책을 다 못 읽어
영원히 은거할 마음 불현듯 하여라.

[http://남양주타임즈 2009.6.27]

박문수의 열수입향기

1987년 필자는 조안면 능내리 마현마을을 답사하였는데 촌노(성명 미상) 한분으로부터 박문수의 집터 이야기를 들은바 있었으나 별로 대수롭지 않게 흘려보낸 일이 있다.

그 이율 첫째 마현마을에는 누대를 나주 정씨羅州丁氏가 살아왔고 현재에도 살고있는 반면 고령 박씨高靈朴氏의 후손들이 부재하다는 것과 나주 정씨 입향조로 병조참의를 지낸 정시윤(丁時潤; 1646-1713)은 남인南人이며, 박문수(朴文秀; 1691-1756)는 서인(西人; 少論)이었기 때문에 극단적 대립관계의 인사가 한 마을에 동거한다는 것이 납득하기 어려웠기 때문이다.

박문수의 입향에 관하여 연보年譜를 옮겨보면 1751년(영조 27) 그가 61세 되던 해 4월에 배를 타고 초천苕川에 갔다.

자신이 노후 전원생활을 할 곳을 늘 생각하던 차에 1750년 나랏일로 관도에서 돌아오는 길에 보아 둔 초천이 생각나서 초천에 당도하여보니 이미 정씨丁氏일문이 마음이 즐겁고 평화롭게 살고 있었다.

이상에서 볼 때 박문수의 입향은 정시윤의 증손되는 정지해(丁志諧; 1712-1756), 즉 열수洌水 정약용丁若鏞의 조부 때의 일이다.

여기에 열수 정약용의 임청정기를 분석하여 보면 병조참의 정시윤(丁時潤; 1646-1713) 공이 죽은지 60여년이 지난 후 판서 박문수가 정시윤이 초천苕川에 지은 '임청정臨淸亭'이 탐이나서 많은 돈을 주겠다고 꾀어 마침내 박씨의 소유가 되었다고 기록하였는데 박문수의 연보에 기록된 입향년은 1751년이므로 정시윤 사후 60년이 아니고 38년으로 고쳐져야 한다.

박문수의 마현馬峴 입향에 관해서는 이미 언급한 바와 같거니와 지금 '대가大家' 음식점 자리에는 몇 해전까지도 박문수 고가古家터의 주초석柱礎石이 옛 모습 그대로 땅에 박혀 있었다. 그러나 이 주초석들은 집터에서 동쪽으로 약 200여m 지점에 한 카페의 정원에 주인을 잃고 있지 않은가?

그 수효가 무려 95개인 것으로 미루어 그 규모를 짐작하니 아마도 우리 남양주에서는 가장 큰 집이 아니었나 추측해본다. 고건축을 전공하는 건축가의 자문을 얻은 바에 의하면 주초석 한 개가 한옥 한간間으로 계산하면 우리 평민들이 지을 수 있는 한계가 99간이기 때문에 주초석 4개 정도가 없어진 것으로 보아야 한다. 약 20여 년전 구전으로만 듣던 박문수 고가에 대한 결정적 단서를 제공한 것은 고령 박씨 문중의 묘표墓表 4점이 발견된 지난해 2월 초였다.

마을에서 도로 굴착공사 중 약 50㎝ 깊이에 비석 4점이 발굴되었다는 마을 이장으로부터 전화신고를 받은 문화관광과 직원의 안내로 그 배위配位 청주 한씨淸州韓氏 아드님 박시손朴始孫, 손부孫婦 숙부인淑夫人 여양 진씨驪陽 陳氏 등 4기인 것으로 판명되었다. 여양 진씨는 박심(朴諶; 참봉)의 부인이다. 이 비석들은 한결같이 박문수 근식으로 되어 있으며 박문수의 유일한 필적인 안성 오명항토적송공비吳命恒討賊頌功碑뿐이었는바 고택지 부근에서 그의 글씨를 다량으로 접할 수 있는 행운은 물론이려니와 사료적 가치 또한 크다고 할 수 있다.

입비入碑의 연대 역시 숭정후재무오崇禎後再戊午인바 1738년(영조 14)으로 입향한 1751년과는 13년전이 된다. 한가지 추상적으로 생각해 볼 수 있는 것은 박문수는 평시에도 이곳 마현 근처를 자주 출입하였던 것으로 생각된다.

왜냐하면 이 지역은 전통적으로 청주 한씨의 사패지였는바 조선 초기 한확韓確에게 내려진 땅이었고 박문수의 10대조 박수림朴秀林의 배위가 한확의 후예인 것으로 미루어 처가댁 분산에 유택을 마련했지 않았나 생각해 볼 수 있다. 앞으로의 연구과제이다.

묘표 4기가 나란히 정렬하여 누워있는 것도 을축대홍수(乙丑大洪水; 1925)때 묘소와 가옥이 유실되고 박문수의 후손들이 이사갈 때 비석을 묻고 떠난 것으로 보여진다.

이 이야기는 20년전 마을 노인으로부터 증언인바 대홍수 때 많은 양의 고서古書 등이 유실되었다는 이야기를 들었으며 또 다른 한편으

남한강과 북한강이 합수하여 만들어진 열수, 현 양수리 전경 ⓒ 윤종일

로는 한국전쟁 대 중공군들이 수십 마차 분량의 책을 싣고 갔다는 증언도 있었다.

그렇다면 마현에서 박문수의 후예들은 그가 입향한 이후 약 200여 년에 거쳐 세거한 것으로 보여진다.

박문수의 종손으로 공조판서와 형조판서를 지낸 영선군靈善君 박영보(朴永輔; 1808~1873)의 자호가 열수요, 뒤에 초천苕川이라 한 것도 지명과 일치한다.

박문수는 여러 관직을 거쳤으나 우리가 알고 있는 일반적 상식은 암행어사의 행적을 꼽을 수 있다.

[http://남양주타임즈 2009.7.3]

신절령

　열초洌樵 정약용丁若鏞은 친구親舊란 화두에서 "그 도道를 연구하고 연마함으로서 밖이 결함이 없도록 서로 돕는 사이"라 정의하고, 실천하였다.

　그 중 한사람이 옆마을 고랑촌皐狼村에 사는 석천石泉 신작(申綽; 1760-1828)이니 강진으로부터 해배 후 더욱 돈독한 교유가 빈번하였다.

　「천진소요집天眞消搖集」에 들어있는 주고받은 많은 시詩는 물론이려니와 1819년 이후에는 육경六卿의 제도에 대한 논쟁이 시작되어 3-4년 동안을 계속하였다.

　촌보의 양보없이 경학을 같이 논論하던 석천石泉 신작申綽을 8년 앞세워 보내고, "석천의 박식함에 내가 큰 힘을 얻었다"라고 슬퍼하였다.

　이렇게 큰 두 학자가 넘나들던 고개를 신절령申丁嶺이라 이름하였으니, 고랑촌皐狼村엔 평산平山 신작申綽이 살았고, 마현馬峴땅엔 나주羅州 정약용丁若鏞이 살고 있기 때문에 두 문중의 성姓을 모아 지어낸 이름이다.

열초洌樵의 「천우기행穿牛紀行」 제6수에

그 옛날 동양부마가 노닐던 정자에
구유와 마판 늘어 있고 청초만 뜰에 가득
이제는 천만 점의 복숭아꽃이 없으니
끝내 쏘가리 고기의 이름을 저버렸구려

신작과 열초 정약용이 서로 왕래 하였던 신정령,
열초 정약용 선생과 관련된 지명, 이야기가 많이 전해지고 있다.

그리고, 주注에 쓰기를, 고랑皐狼나루에는 선조宣祖의 딸 정숙옹주貞淑翁主와 결혼한 부마 동양위東陽尉 신익성申翊聖의 정자인 수정水亭 유지遺址가 있다.

1820년 4월 23일 마현馬峴에서 향사례鄕射禮를 베풀었는데 고랑皐狼에 사는 신억申億이 주인이 되고 그의 종질從姪 신만현申晩顯이 사사司射가 되어 행사를 관장하였다. 그리고 70이 넘은 신억申億의 아버지와 정약용丁若鏞의 형 정약현丁若鉉은 예석禮席에 않게 하였다.

1831년 신경현申景玄의 만사輓詞 끝 부분에 기록하기를 "오직 후손이 있어 우리 세의를 이어서 집 뒤의 작은 고개를 신절령申丁嶺이라 하였다."

또 1832년 겨울 열초는 신교선申敎善의 시에 차운次韻하기르

　　해 저물어 가는 신정申丁고개에
　　새로 눈 밟은 흔적 남겼노라.

어느날 정약용은 일감정(一鑑亭; 申氏 별장)에 형 정약현丁若鉉을 뫼시고 신정申丁고개를 걸어서 넘었다가, 신씨申氏가 내어준 배편으로 마현馬峴에 돌아오니 그 답례로통소를 잘 부는 장님 두 사람을 대동하고 배편으로 일감정一鑑亭 신씨申氏 어른에게 들른 적이 있다.

두 문중간의 우의友誼가 代를 이어 이와 같았으니, 그 넘나들던 고개

이름이 신절령申丁嶺으로 부를 만하지 않은가? 그리고 푯말이라도 세워 교육적 자료로 쓸 생각은 없을까?

[http://남양주타임즈 2009.7.12]

두릉촌杜陵村

두릉촌 앞을 흐르던 초천, 현재 초천에 핀 무궁화가 있어
옛날을 기억하게 한다.

19세기 이후 금강산기행가사金剛山紀行歌辭가 쏟아져 나왔다. 그 가운데 작가 미상의 "봉래청기蓬萊淸奇"가 있으니 여기에 두릉촌杜陵村이란 대목이 나온다.

두릉원斗陵園은 열초洌樵가 일시 사용하던 당호堂號로서, 주로 마현馬峴 또는 초천苕川으로 불리어 졌기 때문에 혹시 정학연丁學淵이 주도한 '두릉시사杜陵詩社'의 일원이 아닐까 하여 자료를 찾아보았으나 확인할 수 없었다.

일반적으로 금강산을 답사하려면 포천을 거쳐 단발령, 내금강, 외금강으로 답사하는 것이 상례인데 '봉래청기'를 지은이는 반대로 남한산성, 분원, 두릉촌馬峴, 고성으로 들어갔으니 두릉의 인맥이 아닐런지.

소천小川에 배를 건너 두릉촌杜陵村 들어가니
소황주小黃州, 소금릉小金陵이 이곳이 거의로다.
청돗대 상고선商賈船은 지국총 닻을 감고
청약립靑蒻笠, 녹사의綠蓑衣로 고기잡는 어옹들은
세상 시비사是非事를 아는다 모르는다.

소천小川은 우천牛川(소내)이며 황주黃州와 금릉金陵은 중국의 명소名所이다. 상고선商賈船은 소형장삿배이며 청약립靑蒻笠은 푸른 갈대로 만든 갓을 말하며 녹사의綠蓑衣는 짚으로 엮은 어깨에 걸쳐 두르는 비옷을 뜻함이니 다시 쓰면

牛川에서 배로 건너 馬峴에 들어서니

작은 黃州, 작은 金陵 이곳이 아니냐

파랑돛대 강은 상선 지국총 닻을 감고

갓쓰고 도롱이 입고 고기잡는 늙은 어부

세상 일어나는 시비를 아는지 모르는지.

마현馬峴 다분히 평온한 태평성대인 것으로 그려져 있다.

두릉원斗陵園이 열초洌樵의 당호堂號로 처음 등장한 것은 1828년 '松坡酬酢'편 '화열수영목근화和洌水詠木槿花'에 수록된 송옹淞翁의 시詩이다. 그리고 열초洌樵가 별세 후 자연스럽게 후학들이 모여 '두릉시사杜陵詩社'를 만들어 활동하였으니, 여기 구성원 들은 19세기 가장 뛰어난 시인들이었다.

구성원이 20여명이요, 20여 명과는 밀접한 교유가 있었다. 특별히 마현馬峴에서 같이 살면서 교유한 인물들이 많았으니 부마 평산신익성申翊聖의 후예인 신위申緯, 신작申綽 등, 박문수朴文秀 후예인 고령 박씨 박종림朴鍾林, 박영보朴永輔 부자, 부마 풍산 홍현주洪顯周, 홍길주洪吉周 형제, 그리고 1840년 마현馬峴으로 이사 와서 산 서유구(徐有榘: 1764-1845) 등도 있었다. 또 안동 김매순가金邁淳家와 경주慶州 김정희가金正喜家, 남병철가南秉哲家와도 절친하게 교류가 있었다. 앞으로 연구의 폭을 넓혀 이에 대해 발표를 할 예정이다.

[http://남양주타임즈 2009.7.26]

143

용진 사부촌과 열수 사부촌

용진龍津 사부촌莎阜村의 한음漢陰 이덕형李德馨의 별서 ⓒ 윤종일

한자漢字의 뜻으로 보면 용진龍津은 사초沙草언덕이요, 열수洌水는 모래언덕이다.

1605년 용진龍津으로 입향한 한음漢陰 이덕형(李德馨; 1501-1613)은 향부자싹 "사莎"를, 1627년 열수洌水에 입향한 동회東淮 신익성(申翊聖; 1588-1644)은 모래'사沙'로 표기하였다. 용진과 열수와의 거리는 불과 4-5km 정도이며 엣날에는 같은 광주廣州 땅이요, 지금은 남양주시 조안면에 있다.

한음연보漢陰年譜 45세조를 보면

어머니의 묘소가 양근(楊根; 楊平) 용진龍津에 있어 성묘省墓에 불편함을 느껴 광주용진 운길산 아래에 별서別墅를 지으니, 중은동中隱洞에 있는 어머니 묘소와는 불과 10리 쯤의 거리가 된다. 산수山水의 경관이 매우 좋아 종래에는 아버님을 뫼시고, 자신의 노래老來를 보낼 계책으로 마련했다고 이야기 하고 있다. 그리고 호號도 사부莎阜, 사제산인莎堤散人, 쌍송(雙松; 지금의 마을 이름이다) 등으로 바꾸었다.

동양위東洋尉 낙전당樂全堂 신익성申翊聖은 부친 상촌象村 신흠(申欽; 1566-1628, 영의정)이 인목대비 폐비 문제에 연루되어 5년간 춘천에 유배되었을 때, 자주 출입하여 관심있게 보아 두었던 광주廣州 사부촌沙阜村 즉 열수洌水에 1627년 별세한 부인 정숙옹주貞淑翁主를 장사지내고 아버지가 해배되면 모시고, 노래老來를 준비하였으나 1628년 죽으니 사후死後에 모시게 되었다.

그리고 호號를 동회東淮로 바꾸니 결국 열수洌水를 뜻함이다.

145

한음漢陰 이덕형李德馨은 용진에 머물면서 불후의 명곡 '사제곡莎堤曲' 을 지으니, 사제莎堤는 별서別墅가 있는 마을 이름이다. 그 때에 노래를 잘하는 만호萬戶 박인로朴仁老로 하여금 사제곡莎堤曲을 짓고, 부르게 하며, 즐거움을 누렸다고 하였다.

열수洌水 사부촌沙阜村에 있는 여유당

　낙전당樂全堂 신익성申翊聖은 김포에 있던 선영을 모두 이곳으로 이장하고 낙수암樂壽菴을 지어 가족의 원찰願刹로 삼고 열수洌水 사부촌沙阜村에서 시작하여 당대 큰어른인 석실石室 김상헌金尙憲 선생 댁에 이르는 요소에 여덟 채의 누정樓亭을 짓고 귀전歸田을 고착화하려 하였다. 그리고 많은 문인묵객들을 끌어 들여 시문詩文을 남겼다.

이렇게 하여 광주廣州 이문李門은 운길산雲吉山 아래에서, 평산平山 신문申門은 예빈산禮賓山 아래에 지금도 세거하고 있다.

[http://남양주타임즈 2009.8.2]

동회東淮 신익성申翊聖의 입향기入鄕記

부마 동양위 신익성의 창연정이 있던 곳이다

선조宣祖 임금의 부마駙馬 동양위東洋尉 신익성申翊聖은 춘천春川에 유배된 부친 신흠(申欽; 1566-1628)의 배소에 드나들며 눈여겨 두었던 이수(二水; 洌水) 근처의 아름다운 경관에 매혹되어 1627년 창연정蒼然亭을 세웠다. 같은 해 부인 정숙옹주貞淑翁主가 세상을 뜨자 광주廣州 사부촌(沙阜村; 지금의 鳥安面 鑽中里)에 장사를 지냈고, 1628년 6월 29일 부친이 연이어 별세하였는데, 김포金浦 선산에 모시지 않고, 오히려 어머니 묘소를 이곳에 옮겨 부친과 합장하였다.

이즈음 이수二水를 회淮라 이름하고 호號도 낙전당樂全堂에서 동회東淮로 자호(自號; 樂全余改東淮)하기에 이른다.

이때 장지를 구하기가 쉽지 않았음을 그의『만록漫錄』에 기록하였으니, 그는 본래 양근楊根 용진龍津 땅에 뜻을 두었으나, 이곳에 사는 유수留守 권씨權氏의 방해로 뜻을 이루지 못하고 급기야 광주廣州 사부촌(沙阜村; 조안면 진중리)에 모시니 약 3개월이 지난 9월에 장사를 치루었다. 이 땅은 양절공襄節公 한확(韓確; 1403-1456) 집안의 산인데 그 후손들이 서쪽 기슭에 장사를 지내고 평산 신씨平山申氏의 묘소는 동쪽을 차지하게 하여 경계를 5리쯤 두는 배려를 하였다. 그리고 신씨申氏는 한씨韓氏 묘소까지 벌목을 금하도록 하니 두 집안은 대대로 화목하였다.

신익성申翊聖은 그 때의 정경을『만록漫錄』에 쓰기를 "우리 두 집안의 묘소는 산수가 만나는 곳을 얻었는데, 풍수가에게 있어서 어떠한지 알 수는 없으나 강기슭을 끼고 있어 정자를 지을 만하니, 바위는 우뚝하고 맑은 강은 띠처럼 두르고 있어 매화梅花를 심고 학鶴을 기른다면

149

곧 임포林逋의 거처라 하겠다."하였다.

또 창연정설에 이르기를

"정자는 산수가 만나는 곳에 있다. 두미협斗尾峽은 뒤에 흐르고 우산
牛山은 앞에 펼쳐져 있으며 화악산(華岳山; 지금의 명지산?)은 동쪽에 솟아
있고 어병御屛은 서쪽에 이어져 있다. 백운산과 중은이 북한강과 남한
강을 끼고 비껴 흐르고……. 이에 그 說을 써서 벽에 걸어두노라."
하였다.

그리고 그 후손들은 이곳에서 열초洌樵 정약용丁若鏞의 학문과 같이
하며, 약 350여 년간 이곳을 지켰다.

[http://남양주타임즈 2009.8.8]

정씨박속丁氏薄俗

나주 정씨가 살던 마현부락에 세워진 다산 유적지

박속薄俗이라 함은 경박한 풍속이니 여기서 정씨박속丁氏薄俗이라 함은 나주 정씨羅州丁氏의 야박한 집안 풍속을 뜻한다.

정씨丁氏로서 이미 출가한 여자, 즉 고모姑母라던가 자매姉妹는 남편男便 집안의 인도를 받지 않으면 절대 서로 만나보지 않으며 이성異姓의 자매는 비록 인도해 주는 사람이 있더라도 만날 수가 없는 것이다. 이것이 너무 야박한 것 같으나 대단히 좋은 법도이니 옛 법을 함부로 경속하게 고쳐서는 안된다고, 자식들에게 경계하였다. 그러나 부계父系에 대하여는 10촌十寸 이내의 어른들께 정초正初마다 반드시 부녀자라 할지라도 찾아뵙고 배알하라고 훈육하고 있다. 그리고 이 풍속은 후厚하다고 하였다.

어찌 되었던 따님과 함께 마현馬峴에서 이웃하여 산 내력을 소개하면,

해남 윤창모尹昌謨는 강진 사는 윤서유尹書有의 아들이며, 정약용丁若鏞의 사위이기도 하다. 열초洌樵가 강진康津에 유배갔을 때, 다산茶山과의 거리가 10리 안팎의 거리였으니, 윤창모尹昌謨는 자연스레 열초洌樵 정약용丁若鏞에게 경사經史를 배우는 사제지간이 되었고, 윤서유尹書有와 의론하여 사돈까지 맺게 되었다. 이 일은 1812년(순조 12)의 일이니 열초洌樵 정약용丁若鏞의 유배생활이 11년째 되는 해이다. 사실 윤문尹門과 정문丁門과의 인연은 그 이전부터 시작되었으니 열초洌樵 정약용丁若鏞의 부친 정재원(丁載遠; 1730-1792)이 윤선도尹善道의 5대손이며 윤두서尹斗緖의 손녀와 혼인함으로서 첫 인연을 맺은 후, 정재원丁載遠의 친구인 윤광택尹光宅은 손자 윤창모尹昌謨를 통하여 또 연을 맺게 되었다.

1802년 정약용丁若鏞이 강진 유배시 윤광택尹光宅은 조카 윤시유尹詩有로 하여금 몰래 읍邑에 들여보내어 술과 고기를 선물하고 위로하기를

"백부(伯父; 광택, 시유의 큰아버지)가 옛날의 일을 생각하여 말하기를 '친구의 아들이 궁곤하게 되어 우리 고을에 의탁하였는데, 내가 비록 관곡官穀은 제공할 수 없더라도 두려워하고 삼간다는 한 가지 이유로 마침내 안부를 묻고 선물조차 철할 수 있겠는가.'하였다"

1812년 윤창모는 정약용의 사위가 되고 다음해 온집안이 강진康津을 떠나 북北으로 이사하여, 처음에는 귀어촌歸漁村?에 살다가, 마현馬峴의 이웃에 살게되니, 두 집안이 서로 관계가 더욱 친밀해졌다.

이때(1813년) 정학연, 학유 형제와 출가한 딸에게 하피첩霞帔帖을 나누어 몰려 보낸 것이 아닐까 하는 생각이 든다.

그 후 윤창모尹昌謨의 부친 윤서유尹書有는 뒤 늦게 정시 병과에 합격, 벼슬은 예조정랑에 오르고 청렴하게 살다 죽으니 이곳 조안면 조곡鳥谷에 묻혀 있다.

[http://남양주타임즈 2009.8.15]

열수 정용丁鏞

열수 정약용 선생의 발자취가 남아있는 다산유적지 및 열수洌水

정약용은 많은 책을 저술한 우리나라 대표적 학자라는 것을 모르는 이는 없다. 그런데 책머리에는 반드시 책의 이름을 적고, '洌水 丁鏞(또는 丁若鏞) 美庸 著'라 표기한 것을 볼 수 있는데, 열수洌水가 정약용의 호가 아니라면 다산茶山 丁아무개라 했어야 함에도 불구하고, 예외없이 열수洌水라 표기한 것에 의문을 가지게 된다.

여기에 해답을 찾아내어 소개하는 바, 『양자방언楊子方言』에 조선렬수지간朝鮮洌水之間이라는 말이 자주 나오는데, 조선朝鮮은 오늘날 평안도平安道를 말하는 서로西路이고, 열수洌水는 마현馬峴 한강漢江이므로, 한강漢江이 빠져나가는 강화도江華道를 열구洌口라고 부르는 것으로도 증거할 수 있다고 두 아들에게 들려주었다.

중국中國사람들은 책을 짓고 저자의 이름을 기록할 때 그 당시 살던 곳을 주로 기록하였는데, 성姓의 관향貫鄕을 칭한 것이 아니며, 집이 있었기 때문에 붙인 것이다. 그리고 우리나라의 예를 들어 말하기를, 월사月沙를 연안延安 이정구李廷龜라 칭하고, 호주湖洲를 평강平康 채유후蔡裕後라 칭하였는데, 이는 모두 잘못이니, 이제부터 너희들은 책을 짓거나 초록抄錄할 때 반드시 열수洌水 丁아무개라 칭하는 것이 좋을 것이며, '열수洌水'라는 두 글자는 천하에 어디에 내 놓아도 충분히 드러낼 만하고, 고향을 밝히는 데에도 매우 친절하다고 일러주고 있다.

정약용은 스스로 실천하였다.

누구인들 고향사랑이 없겠냐마는 유독惟獨 정약용을 넘어 설 사람이 있으랴, 그 자호自號에서도 엿볼 수 있으니 탁피족인籜皮族人, 삼미三

眉, 사암俟菴, 다산茶山, 다산초부茶山樵夫, 다산주인茶山主人, 다산초자茶山樵者 등 7종을 제외하고 열수洌水, 열노洌老, 洌모, 열초洌樵, 열수옹洌水翁, 열수산인洌水散人, 철마산초鐵馬山樵, 철마초부鐵馬樵夫, 여유당與猶堂, 여유당거사與猶堂居士, 여유병옹與猶病翁, 초계苕溪 등 12가지는 고향 마현馬峴과 관련된 별호別號이며, 다산茶山 관련 별호는 지극히 드물게 사용하였다.

'열洌'자가 들어가는 별호는 한강漢江을, '철鐵'자는 마현馬峴 철마산鐵馬山을, '여유與猶'는 마현馬峴의 당호堂號를, '초苕'자는 초천苕川을 뜻함이다. '다산茶山'을 정약용의 별호로 결정적으로 기록한 책으로 오세창의 『근역서화징槿域書畵徵』에서 찾을 수 있고, 다음은 1994년 민족문화추진회 발행의 국역 「다산시문집」으로 생각된다. 다산茶山을 표기할 때는 주로 다산茶山에 있는 丁아무개, 또는 다산동암茶山東菴에서 丁아무개가 쓰다 등을 발견할 수 있다. 이제부터라도 이곳을 지키며 살아가는 우리들은 한번쯤 생각할 때가 되지 않았나 한다.

그토록 애향심愛鄕心이 투철한 열초洌樵 정약용丁若鏞의 진실된 마음을 헤아려 볼 때가 되었다.

[http://남양주타임즈 2009.8.21]

바댕이 축제巴塘祝祭 유감遺憾

바댕이와 관련이 있는 팔당 전경

157

지난 회 차에 바댕이에 관한 글을 기술하려 하였으나, 지면이 여의치 않아 미룬 바 있는데, 요즈음 거리 곳곳에 "바댕이 축제"라는 현수막이 걸려 있어 다시 붓을 들게 되었다.

　그리고 한 번쯤 축제의 명칭을 제고하여 주기를 바라고, 이제부터라도 토론의 문화가 정착되길 희망하며 팔당(八堂; 바댕이) 이야기를 적어 본다.

　열초洌樵 정약용丁若鏞의 글에 보면, 파당(巴塘; 현 팔당)에 당도 하니 징병하러 온 아전들이 북적이고, 아낙들은 닭을 잡고 술을 걸러 이별하는 낭군에게 먹이며 곡까지 하였다. 다음 달 배를 타고 마현(馬峴; 현 남양주시 조안면 능내리 일원)으로 향하는데 예빈산(禮賓山; 팔당댐 북쪽에 위치해 있으며, 예봉산과 연결돼 있다)과 검단산(黔丹山; 팔당댐 남쪽 하남시 소재 산) 양쪽 기슭에서 소와 말의 울음소리가 끊임이 없다. 적병이 쳐들어온다는 말은 무성하였으나 적병은 아니 오니 주민들은 감쪽같이 속은 셈이다. 열초洌樵 정약용丁若鏞은 파당마을 사람들을 진정시키고 다시 뱃머리를 고향으로 향하였다. 이상과 같이 팔당에서 벌어진 재미있는 이야기 거리가 있어 몇 가지 더 적는다.

　명明나라 장수 이여송李如松이 두미강(斗尾江; 한강)을 지나다가 작은 물고기들이 헤엄치는 것을 보고 놀라 말하기를 "이것이 악어이다. 300년 뒤에 이 물고기가 사람들의 근심거리가 될 터인데 제재하는 자가 있을 것이다."하였으나 지금까지 악어를 본 사람이 없었다. 지난 1998년 필자가 논문「두미강 열두 바탕 잉어몰이 낚시」를 쓸 때 봉안

(奉安; 와부읍 팔당과 인접한 마을)마을 이재만(李在萬; 당시 84세)씨 부부의 증언에 의하면 드물긴 하지만 가끔 '새우젓 독'만한 잉어가 잡힌다고 하였으니 짐작컨대 이여송 장군 역시 이를 두고 악어 새끼쯤으로 착각한 듯하다.

한진호韓鎭戶는 「도담행정기島潭行程記」에서 "협구峽口에 옥녀봉玉女峰이 있고, 그 밑에 미인촌美人村이 있다"하고 이 마을에는 절세미인絶世美人이 대代를 이어 계속되나 15~16세가 되면 요절夭折하니 전하기를 "세상에 준걸함이 그와 비슷하여 짝이 될 만한 신랑감이 없기 때문에 하늘이 데려감으로써 이웃 간에 못난 지아비에게 주지 않게 함이었다." 한다.

마을 위에 호암虎岩이 있는데 한 미련한 중이 미녀美女와 간통하고자 마을로 내려오다가 갑자기 호랑이가 나타나 물어 죽였다고 전하며, 또 일설에는 반대로 호랑이가 미녀美女를 해치려 하자 한 도승道僧이 법력法力으로 막았다고 한다. 바위의 형상은 범이 웅크리고 앉아 있고, 바로 아래 중의 형상이 새겨져 있다.

지역 주민의 구술에 의하면 ① 여덟 선녀가 내려와 놀다, ② 여덟 개의 당堂이 있었다, ③ 여덟 선녀를 낳은 곳이다, ④ 큰 고목 두 그루가 팔자八字 형으로 쓰러져 있다하여 팔당八堂이라 한다고 붙여진 이름이라 증언한다.

그러나 이런 이름들은 근거가 없는 구전에 불과할 뿐이다.

마을 이름의 변천을 보면, 정약용은 파당(巴塘(村)), 정학연은 팔당(八

塘(村)], 한진호韓鎭戶는 팔당[八堂(村)], 일제시대에 바댕(이)로 바뀐 것이다. '바댕'이는 순수 우리말로써 한복 바지를 매는 '대님'을 뜻하므로 여기에 부합한 말은 아니다.

아리수는 서울시의 상표가 되었고, 용왕 이야기는 너무 많은 곳에서 전하는 전설로써 이목을 집중시킬 소재는 아니다.

그래서 행사명과 관련 한 가지 제안하고자 한다.

「되미강斗尾江 열두 마당 축제」, 어떠한가. 열초洌樵 정약용丁若鏞 선생이 애용하던 단어이다.

[http://남양주타임즈 2009.8.30]

한강과 낙동강

북한강과 남한강이 합류하는 양수리 전경 ⓒ 윤종일

"황수潢水가 태백산太白山에서 발원하여 서남西南 쪽으로 낙동강洛東江이 되고 그 물이 또 동남東南으로 흘러 바다로 들어가니, 모든 역내城內의 물이 바퀴살처럼 모이고 힘줄처럼 모여서 하나로 합친다."

위의 글은 열초洌樵 정약용丁若鏞의 「영남인물고서嶺南人物攷序」의 첫 문장이다.

그리고 그는 이 때문에 "산천山川의 풍기風氣가 일반 다른 도道와는 전혀 다르고 그 인물人物은 영특하고 기상이 뛰어난 특출한 사람이 많다. 그래서 일을 처리할 때는 튼튼하게 하였고, 곱고 화려함을 좋아하지 않는다." 하였다.

성호 이익李瀷은 『성호사설』 「양남수세兩南水勢」에서

"산수山水를 보면 풍기의 모이고 흩어짐을 아는 것이니 산세가 겹겹으로 돌아 옹호해 주었다면 물이 어찌 흩어져 흐를 수 있겠는가?" 그리고 "물은 황지黃地에서 남으로 흘러 낙동강洛東江이 되었는데, 산이 동해東海 가로 연달아 바다를 막아 주었고 두류산의 지역이 또 동으로 달려서 여러 고을 물이 낱낱이 합류가 되어 김해金海와 동래東萊 사이에 이르러 바다로 들어갔다. 그러므로 풍기가 모여졌고 흩어지지 않았으니, 옛날 풍속이 아직도 남아있고 명현이 배출되어 우리나라 인재가 넉넉하게 되었다."고 말하고

안동安東과 예안禮安 사이에는 도처에 명당明堂이 열려 있으니, 다른 날 국가에 변란이 있을 때에는 이곳의 힘을 입게 된다고 하였다.

황당한 이야기를 하겠다. 성호 이익李瀷이 어렸을 적에 "용龍이 강

을 따라 올라가는 데, 천둥이 일어나고 폭풍이 불고 우박이 떨어지며 풀과 곡식들이 모두 없어졌다. 그 넓이는 3-4백보에 달하였다. 용龍이 다시 물로 들어가서 10리쯤 가다가 다시 조령鳥嶺을 넘어서 낙동강으로 들어갔는데, 강 동쪽에는 풀 한포기도 움직이지 아니하였으며 한강은 10여 일 동안 붉고 탁한 흑탕물이 흘렀다. 시냇물이 흐를 때 모래 흙을 파내면 흑탕물이 흐르는 것과 같다."하였다.

위의 글로 보아 산 밑으로는 낙동강과 한강이 서로 통한다는 뜻이다. 믿거나 말거나……

2007년 노벨평화상을 수상한 유엔기구 출신의 세계적 석학 미국 델라웨어대학 John Byrne 교수(Center for Energy & Environmental Policy의 소장)는 "미국에서도 강의 수계물흐름를 개선하려고 시도했던 프로젝트가 환경재앙을 가져왔다."고 말하고 있다. John Byrne 교수의 말이 백번 옳은 것 같다.

[http://남양주타임즈 2009.10.16]

실학자 서유구 마현에서
『임원경제지』를 짓다

정약용을 비롯한 두 아들, 정학연은 『물명고』, 정학유는 「농가월령가」,
서유구는 『임원경제지林園經濟志』 등 농서農書 편찬의 중심지였던 마현의 초천 @김준호

김영진 교수가 쓴 유산 연보年譜 1840년조에 "풍석楓石 서유구(徐有榘; 1764-1845)가 새 거처를 두릉(杜陵; 馬峴의 별칭)에 마련하였다"하고 그의 논문 가운데『삼창관집三倉館集』에 "자연경실장自然經室藏이란 판심版心이 새겨진 사란공권絲欄空卷 원고지에 필사되어 있는바 이 원고지는 서유구徐有榘 가문의 원고지이다"라고 하였다.

『三倉館集(삼창관집)』은 정유산丁酉山의 시집詩集으로 일본日本 국내청宮內廳 서릉부書陵部에 필사본 1冊이 소장된 것으로 삼창관三倉館은 그의 당호堂號이다. 「삼창三倉」이라 함은 열초洌樵 정약용丁若鏞이 귀히 여긴 책으로서, 漢나라 초기 알 수 없는 사람이 그 당시 전해오는 자서字書인 「창힐편倉頡編」, 「원력편爰歷編」, 「박학편博學編」을 한데 모아 엮은 책의 이름으로 이 책은 漢나라 초기 사전辭典이었다.

서유구徐有頔는 달성인達城人으로 자는 준평準平, 호는 풍석楓石으로서 만년 마현馬峴에서 살기 시작하는 1840년부터 '열상洌上'이라 자호自號하였다. 그는 대제학 서명응徐明膺의 손자이며 이조판서吏曹判書 서호수徐浩修의 아들이다. 열상洌上 서유구徐有頔도 여러 관직을 두루 거치고 대제학에 이르렀고, 가학家學인 농학農學에 큰 업적을 남긴 집안이다.

1799년 정조 임금의 말씀으로 농서農書를 수집하기 시작한 열상洌上 서유구徐有頔는 할아버지가 지은『고사신서攷事新書』의 '농포문農圃門'과 아버지가 지은『해동농서海東農書』를 비롯한 800여종의 문헌을 참조하여『임원경제지林園經濟志』를 완성하니 이 책은 113권 52책이다.

이 책 역시 일본日本 대판大阪의 부립도서관에 소장되어 있는바, 괘

165

지罪紙에 쓴 저자의 가장원본家藏原本인 "자연경실장自然經室藏"으로 정학연의『삼창관집』그것과 동일한 원고지이다. 미루어 짐작하여 보면, 당시 마현(馬峴; 두릉)은 정약용을 비롯한 두 아들, 정학연은『물명고物名攷』, 정학유는「농가월령가農家月令歌」, 서유구는『임원경제지林園經濟志』등 농서農書 편찬의 중심지였음을 가늠케 한다. 또 두 집안의 돈독한 학문적 유대도 미루어 짐작된다.

서유구徐有頖는『임원경제지林園經濟志』서문에서 밝혔듯이 전원생활田園生活을 하는 선비에게 필요한 지식과 기술을 기록한 바, 스스로 마현馬峴에서 살고자하는 간절한 소망이 있지 않았나 생각된다. 그리고『임원경제지林園經濟志』가 그의 만년에 완성되었으니 이 또한 마현馬峴에서 탈고된 듯하다.

[http://남양주타임즈 2009.11.15]

* 나주 정씨 가문으로 아명은 귀농歸農, 관명은 약용若鏞, 자는 미용美庸·송보頌甫, 호는 삼미자三眉子·철마산초鐵馬山樵·다산茶山·사암俟菴·열초洌樵·열수洌水·열상노인洌上老人·자하도인紫霞道人·문암일인門巖逸人·탁옹籜翁·태수苔叟, 당호는 여유당與猶堂, 카톨릭 세례명은 요한, 시호는 문도文度

❖ 1762년(영조 38), 1세

- 음력 6월 16일 오전 10시(巳時) 경기도 광주군 초부면 마현馬峴(현 남양주시 조안면 능내리)에서 부친 나주 정씨羅州丁氏 재원載遠, 모친 해남 윤씨海南尹氏 사이에서 넷째 아들로 태어났다. 위로 이복 맏형 약현과 동복형 약전·약종과 동복 누이가 있었다. 이해 윤5월 21일에 사도세자思悼世子가 죽음을 당하는 참극이 있어났다. 부친 정재원이 이해에 벼슬을 버리고 은퇴하였다.

❖ 1765년(영조 41), 4세

- 천자문千字文을 배우기 시작했다.

167

✦ 1767년(영조 43), 6세

- 부친 임소인 연천蓮川에 따라가서 경전을 읽기 시작.

✦ 1768년(영조 44), 7세

- 서당에서 학습
- '山'이란 제목으로 시를 지음
  " 小山蔽大山 작은 산이 큰 산을 가리운 것은
  遠近地不同 멀고 가깝기가 다른 까닭이라네"
- 삼미자三眉子란 별호를 가짐.

✦ 1770년(영조 46), 9세

- 어머니 숙인 윤씨淑人尹氏를 사별했다.

✦ 1771년(영조 47), 10세

- 관직에서 물러나 집에 있게 된 부친에게 경서經書·사서史書를 수학. 1년
  간 경전과 사서를 본떠 지은 글이 키 높이가 되었다.
- 10세 이전의 습작들을 묶어 〈삼미집三眉集〉을 만듦.

✦ 1774년(영조 50) 13세

- 두시杜詩를 모방하여 원운에 따라 화답하는 운을 붙여 수백 수의 시를 지
  었다. 이때로부터 시명을 떨치기 시작하였다.

168   열수와 마현

❋ 1775년(영조 51) 14세

- 운길산 수종사에서 독서

❋ 1776년(영조 52), 15세

- 2월 홍화보洪和輔의 딸 풍산 홍씨豊山洪氏와 결혼, 부친이 복직되자 집을
  세내어 한양에서 살았다.
- 부친 호조좌랑戶曹佐郎이 되었다.
- 3월 영조 서거, 왕세손 즉위.
- 부친을 따라 경성, 남촌南村에 거주.
- 장인 홍화보 홍국영의 미움을 받아 평안도 옥산으로 유배.

❋ 1777년(정조 1), 16세

- 성호星湖 이익李瀷의 유고遺稿를 처음으로 보고, 학문의 준칙으로 삼기로
  결심.
- 채제공, 이가환, 권철신 등 성호학파 인사들과 박지원, 이덕무, 박제가
  등과 교제하기 시작하였다.
- 가을에 부친의 화순현감和順縣監에 임명되자 임지인 화순和順으로 따라
  감. 화순현 간아의 금소당琴嘯堂에서 독서
- 청주, 전주를 유람하면서 많은 시편들을 창작.
- 가을에 전라도 동복현同福縣의 몰염정勿染亭과 광주의 서석산瑞石山을
  유람.

- 겨울에 중형 약전若銓과 화순현 동림사東林寺에서 맹자孟子를 읽으면서 송 유주해宋儒註解를 비판.

❖ 1779년(정조 3), 18세
  - 2월에 중형 약전과 한양에서 과시科詩를 익혔으며, 태학승보太學陞補에 피선.

❖ 1780년(정조 4), 19세
  - 부친 경상도 예천醴泉군수로 전임
  - 예천 관청 서재에서 독서
  - 봄에 아내를 데리고 경상우도 병마절도사로 진주에 주재하는 장인을 찾 아감.

❖ 1781년(정조 5), 20세
  - 한양에 있으면서 과거에 응시.
  - 7월에 딸을 낳았으나 닷새만에 죽었다.

❖ 1782년(정조 6), 21세
  - 한양 창동(倉洞; 남대문 안)에 처음으로 집을 구입하여 체천정사棣泉精舍라 하 고 살았다.

✤ 1783년(정조 7), 22세

- 2월 세자世子 책봉 경축하는 증광감시增廣監試의 경의초시에 합격하고 태학생太學生이 됨.
- 4월 회시會試에 생원으로 합격. 선정전에서 정조와 최초로 만남. 회현방會賢坊으로 이사.
- 9월에 장남 학연學淵이 태어났다. 정약전도 가을에 진사가 되어 성균관에 들어왔다.

✤ 1783년(정조 7), 22세

〈유수종사기游水鍾寺記〉 기문記文 씀

✤ 1784년(정조 8), 23세

- 회현방會賢坊 루산정사樓山精舍로 이사
- 여름, 태학太學에서 공부하면서 임금이 내린 80여 조항의 의문점을 기술한 『중용강의中庸講義』를 지어 정조에게 바쳤다. 맏형 약현若鉉의 처남 이벽李蘗에게 천주교에 대해서 처음 듣고 서적을 보았다.

✤ 1785년(정조 9), 24세

- 누산정樓山精에서 같은 방坊 담연재澹然齋로 이사

❖ 1786년(정조 10), 25세

- 2월 별시別試 낙방, 초천苕川으로 돌아옴.

- 7월 둘째 아들 학유學游가 태어남.

❖ 1787년(정조 11), 26세

- 4월 임금으로부터『국조보감國朝寶鑑』을 상으로 받음.

- 이미 양근 벽계에서 논을 빌어 벼농사를 짓고 있었다.

❖ 1788년(정조 12), 27세

- 3월 반시(泮試; 文廟)에서 수석 합격.

- 9월 문암장에서 벼베기를 살피다.

❖ 1789년(정조 13), 28세

- 1월 대과大科 급제.

- 3월에 초계문신抄啓文臣이 되어 정조에게 대학을 강론.

- 5월에 부사정副司正이 되고, 6월에 가주서假注書가 됨.

- 겨울에 배다리(주교; 舟橋)를 설치하는 공사가 있어, 그 규제를 만들어 바
  쳤다.

❖ 1790년(정조 14), 29세

- 2월에 예문관藝文館 검열檢閱이 되었는데, 대간이 법식을 어겼다며 탄핵하

자 여러 번 패초를 거부하다가 3월 10일 서산군 해미현에 유배되었다가 11일 만에 풀렸다. 돌아오는 길에 온궁에서 사도세자 유적을 복원할 것을 지시해 노론의 신경을 거슬리게 했다.

- 9월 정약전이 대과에 급제했다.

- 내각內閣 친시親試의 세말歲末 점수가 수석首席을 차지하여 특별히 구마廐馬와 호피를 하사받고 사은謝恩하다

❋ 1791년(정조 15), 30세

- 아들 구장懼牂 죽음.

- 5월에 사간원 정언, 10월에 사헌부 지평에 제수됨.

- 겨울에 『시경의詩經義』 800여 조목을 지어 올렸다. 임금께서 "평소의 온축이 깊고 넓지 않고서는 이렇게 할 수 없을 것이다"하시며 크게 칭찬했다. 『홍재전서弘齋全書』에도 200여 조목이 실려있다.

- 이해 전라도 진산에서 윤지충 · 권상연이 부모의 신주를 불태우고 제사를 폐지한 진산사건이 일어났는데, 이를 계기로 천주교 배격운동이 일어나자 정약용과 약전 형제도 배교했다.

❋ 1792년(정조 16), 31세

- 홍문록에 오르고 이어서 수찬이 됨.

- 4월 9일 진주 임소에서 부친 진주공의 상喪을 당해 광주에서 여막살이를 하면서,

- 여름 마현 석림石林에 망하루望荷樓를 짓고 기문記文을 씀.
- 겨울에 왕명으로 수원 화성의 성 쌓는 제도를 정리하여 바쳤다. 또 임금이 내린 『도서집성圖書集成』과 『기기도설奇器圖說』을 참고하여 인중引重과 기중起重의 기계장치를 마련하여 「기중가도설起重架圖說」을 지어 바쳤다. 성이 준공되자 임금이 "다행이 기중가를 사용하는 바람에 4만 냥의 경비를 절감할 수 있었다"고 하셨다.

✦ 1794년(정조 18), 33세
- 정월 초하루 딸 효순孝順 죽음.
- 6월에 부친 3년상을 마치고,
- 7월에 성균관成均館 직강直講,
- 8월에 비변사랑備邊司郎,
- 10월에 홍문관弘文館 수찬되었다가
- 경기도 암행어사 명을 받아 연천, 삭녕 등의 고을을 암행했는데, 이때 경기감사 서용보의 비위사실을 보고하였다가 정조 사후에 보복당함.
- 이어서 12월 홍문관 부교리에 임명됨.
- 수원성 축성공사 착공

✦ 1795년(정조 19) 乙卯, 34세
- 정월에 동부승지同副承旨가 되고 품계가 통정대부에 이름. 정조와 수원 현륭원에 배알했다.

- 2월에 병조참의兵曹參議
- 3월에 우부승지右副承旨
- 주문모 사건에 둘째형 약전若銓의 연좌로 7월 충청도 금정찰방金井察訪으로 좌천.
- 금정찰방으로 있을 때, 온양溫陽 서암西巖의 봉곡사鳳谷寺에서 목재木齋 이삼환李森煥을 좌장으로 남인 학자들과 함께 모여 성호 이익의 유고를 가져다가『가례질서家禮疾書』를 교정하여 한 권의 온전한 책으로 엮었다. 이대 강학한 문답을 정리하여「서암강학기西巖講學記」를 지었다.
  또『퇴계집』반 권을 구해, 매일 아침 퇴계 선생의 편지를 한 통씩 읽고, 그 뜻을 부연하고 자신의 생각을 적어「도산사숙록陶山私淑錄」을 지었다. → 다산이 퇴계의 학문과 덕행을 사모하여『퇴계집』의 서찰書札을 읽고 그 중에 특히 요절要切할 부분을 뽑아 강綱으로 삼고 다음에 부연설명하여 자신이 경성警省하는 자료로 삼기 위해 지은 책이다.
- 번암 채상공 제공에게 올리는 글
- 11월 5일 아들 삼동三童 죽음
- 12월에 국왕이 소환
- 12월에 용양위龍驤衛 부사직副司直이 되어 한양으로 올라왔는데, 이해 만형 정약현이 진사시에 합격하였다.

✤ 1796년(정조 20), 35세
  - 10월에 규영부奎瀛府 교서校書가 되어 이만수·박제가 등과 함께『사기영

선『史記英選』교정작업에 참여하다.

- 12월에 병조참지兵曹參知, 다시 우부승지, 좌부승지에 올랐다가 부호군副
護軍이 되었다.

- 수원성 준공

- '죽란시사竹欄詩社'라는 詩동호인 모임 결성

✦ 1797년(정조 21) 丁巳, 36세

- 6월에 좌부승지를 제수받았으나 자신의 천주교 관계 전말을 고백하는
사직상소문을 올리고 물러났다.

- 윤6월에 황해도 곡산부사谷山府使로 나가 선정을 베풀었다.

- 번암 정승께 올리는 글

- 이문원摛文院에 들어가 두시杜詩와『춘추좌씨전』을 교정하였다.
겨울에 수십 종의 의서에서 천연두 치료에 관한 내용을 편집 · 정리하여
『마과회통麻科會通』 12권을 찬술하였다. 여러 자식을 잇달아 천연두로 잃
은 슬픔을 이렇게 넘어섰다.

- 정약전은 성균관 전적을 거쳐 병조좌랑兵曹佐郎이 되었다.

✦ 1798년(정조 22), 37세

- 4월에『사기선찬주史記選纂注』를 완성해 올렸다. 이는 왕명으로 앞서 엮은
『사기영선』의 찬주가 지나치게 번잡한 것을 산삭하여 요점만 간추린 것
이다. 이를 올리자, 임금이 "글로 올린 것이 뜻에 적합하니 매우 다행스

럽다"는 말씀을 내렸다.

- 정약전은 왕명으로 『영남인물고』를 편찬했다.

❈ 1799년(정조 23), 38세

- 황주黃州 영위사迎慰使로 사신을 접대하고 내직으로 옮겨져 병조참지와
형조참의를 제수받았다. 대사간 신헌조가 정약전을 탄핵하자 「자명소自
明疏」를 올리고 사직했다.

- 넷째 아들 농장農牂이 태어났다.

❈ 1800년(정조 24), 39세

- 박제가와 함께 종두설을 연구 실험
『종두설種痘說』저술

- 봄에 처자妻子를 데리고 낙향했는데, 정조가 내각 서리를 보내 곧 부르겠
다고 약속했다. 그러나 6월 28일 정조가 승하하면서 나락으로 추락함.
고향으로 돌아와 저작에 주력하면서 '여유당與猶堂'이란 당호를 지었다.

- 홍명한이 잘못을 지적한 내용이 적힌 『문헌비고』를 빌려, 그 메모를 바탕
으로 『문헌비고』의 오류를 차례대로 지적한 『문헌비고간오文獻備考刊誤』1
권을 완성했다. 임금께 올려 살피시도록 하려 한 것인데, 갑작스런 승하
로 올리지 못했다.

- 〈마현의 석림石林에서 노닐며〉 기문記文 씀.

- 초여름 '초상연파조수지가苕上烟波釣叟之家'라는 뱃집을 만들고 記文을 씀.

177

❖ 1801년(순조 1), 40세

- 사간원 논계로 체포되어 국문을 받았다.

- 2월 9일 셋째 형 약종(若鍾; 세례명 아오스딩) 사형, 둘째 형 약전은 신지도로 유배, 약용은 경상도 장기현으로 유배.

  죽산竹山(그믐날 유숙)-가흥嘉興(초하룻날 유숙)-3월 2일 하담 도착 친산親山

- 3월 9일 장기長鬐에 도착, 유배 시작. 한문의 옛 문자학 저술인 『삼창三倉』을 고증하여 『三倉고훈』을 저술, 13경의 하나로 옛 문자학 서적인 『이아爾雅』를 정리하여 『이아술爾雅述』 6권을 지었다. 또 제1차 예송인 '기해예송己亥禮訟'의 예법에 대한 이론을 변증한 『기해방례변己亥邦禮辨』을 지었는데, 겨울 옥사 때 잃어버렸다.

  큰 형님 정약현의 집에 붙인 편액인 '수오재守吾齋'의 기문 〈수오재기守吾齋記〉를 지음.

- 장기의 서민 생활은 의술의 혜택이 거의 미치지 않는 형편이라 한 젊은이의 요청을 받고 백성들의 인명을 구하는 방편으로 40여 장 분량의 간결하고 실용적인 의학서적 『촌병혹치村病或治』를 편찬.

  여름에 우리나라 속담을 운을 달아 알기 쉽게 정리한 『백언시』를 지었다. 이는 1820년에 '이담속찬'이라는 이름으로 확장·완성하였다.

- 10월 황사영백서黃嗣永帛書사건으로 조사받고 둘째 형 약전은 흑산도黑山島로 이배, 정약용은 전라도 강진康津으로 이배되었다.

✤ 1802년(순조 2) 壬戌 , 41세

- 유배 초기부터 8년간 떡장수 노파가 제공하는 비좁은 뒷방을 얻어 생활.
- 넷째 아들 농장이 요절했다.

✤ 1803년(순조 3), 42세

- 봄에『예기』『단궁檀弓』편의 옛 주석 중 잘못된 것을 바로잡아『단궁잠오檀弓箴誤』6권을 완성했다. 이 가운데 많은 부분이 뒤에『상례사전喪禮四箋』에 들어가 요긴하게 활용되었다. 열초는 뒤에『상례사전』에 활용되고 남은 것들만 따로 추려 별도의『단궁잠오』를 남겼다.
- 여름에 23칙으로 된「조전고弔奠考」를 완성했다.
- 겨울에『상례사전』중「예전상의광禮箋喪儀匡」17권을 완성했다.「사상례士喪禮」3편과「상복喪服」1편과 그 주석을 취해 이경증경以經證經의 방식으로 대의를 밝힌 내용이다.
- 김대비의 해배명령이 있었으나 서용보의 반대로 풀려나지 못함.

✤ 1804년(순조 4), 43세

- 봄에 처음 배움을 시작하는 학동들을 위해 2천자문인『아악편훈의兒學編訓義』를 지었다. 유형자有形字 1천 자와 무형자無形字 1천 자로 구분하여 연쇄적 방식으로 체계적인 학습이 가능하도록 엮은 교과서이다.
- 이청李晴, 초의草衣 등의 제자들과 자주 시문을 논함.
- 겨울에 장남이 찾아왔으며 보은사寶恩寺에서 주역예기周易禮記를 강론함.

❖ 1805년(순조 5), 44세

- 여름에『기해방례변己亥邦禮辨』3권을 완성했고, 겨울에 학연이 오자 보은
  산방寶恩山房에서『주역周易』『예기禮記』를 가르쳤다.
- 혜장惠藏선사와 교유

❖ 1806년(순조 6), 45세

- 시詩 수조가두水調歌頭(고향을 생각하며) 지음

❖ 1807년(순조 7), 46세

- 여름 사촌서실(沙村書室; 黑山島 정약전) 기문記文 지음.
- 5월에는 정약용의 장손 대림이 태어났고, 7월에는 정약전의 아들 학초가
  사망했다.

❖ 1808년(순조 8), 47세

- 봄에 강진 도암면 만덕리 다산茶山의 산 밑에 있는 윤단尹慱의 산정山亭인 다
  산초당茶山草堂으로 옮겨 저술을 시작,『다산문답茶山問答』1권을 지었다.
- 겨울에『주역심전周易心箋』24권과『독역요지讀易要旨』18칙,『주역사해周易
  四解』·『주역서언周易緖言』등 주역에 관한 책을 집중적으로 기술했다.
- 장남 학연의 시집詩集,『삼창관집三倉館集』발간 추정.
  (1802년~1808년에 지은 총 169제 245수 수록)

❖ 1809년(순조 9), 48세

　-『시경강의산록詩經講義刪錄』등을 지었다.

❖ 1810년(순조 10), 49세

　-『시경강의보詩經講義補』등을 지었다.

　- 큰아들 학연의 상소로 해배명령이 내렸으나 이기경·홍명주의 방해로

　　인해 풀려나지 못함.

❖ 1811년(순조 11), 50세

　-『아방강역고我邦疆域考』등을 지었다.

❖ 1812년(순조 12), 51세

　-『민보의民堡議』·『춘추고징春秋考徵』등을 지었다.

　- 해남 윤창모尹昌模를 사위로 맞음.

❖ 1813년(순조 13), 52세

　-『논어고금주論語古今注 』40권을 지었다.

　- 7월 13일 서모庶母 김씨金氏 사망초장; 용진龍津의 산골짜기, 천장; 조곡鳥

　　谷의 해방향亥方向

181

❋ 1814년(순조 14), 53세

- 의금부에서 해배시키려 했으나 강준흠의 상소로 저지됨.

- 『맹자요의孟子要義』·『대학공의大學公議』·『중용자잠中庸自箴』·『중용강의
보中庸講義補』·『대동수경大東水經』 등을 지었다. 정약전은 정약용이 해배
된다는 소문을 듣고 흑산도까지 오게 할 수 없다는 생각에서 우이도로
이주했다.

❋ 1815년(순조 15), 54세

- 『심경밀험心經密驗』·『소학지언小學枝言』을 지었다.

- 정약전『자산어보茲山魚譜』 완성

❋ 1816년(순조 16), 55세

- 『악서고존樂書孤存』을 지었다.

- 6월 6일 형 약전若銓 유배지 내흑산 우이도에서 사망.

❋ 1817년(순조 17), 56세

- 『상의절요喪儀節要』·『경세유표經世遺表』를 지었다.

❋ 1818년(순조 18), 57세

- 봄에『목민심서牧民心書』완성.

- 8월 이태순의 상소로 18년 만에 유배에서 풀려남.

- 9월 강진을 떠나 9월 14일 고향 마현 본가로 돌아옴.

❖ 1819년(순조 19) 己卯, 58세
- 봄에 『흠흠신서欽欽新書』 완성.
- 『아언각비雅言覺非』 저술

❖ 1820년(순조 20) 丙寅, 59세
- 봄 3월에 선백씨先伯氏가 학순學淳을 데리고 춘주(春州; 春川)에 가서 며느리를 맞아올 때에 작은 배를 꾸미고 협중峽中에 들어갈 때, 소양정昭陽亭에 올라 청평산淸平山 폭포를 보고 절구시絶句詩 25수, 화두시和杜詩 12수, 잡체시雜體詩 10수를 지었다.
- 4월 '강고향사례江皐鄕射禮' 베품.

❖ 1821년(순조 21), 60세
- 『사대고례산보事大考例刪補』를 지었다.
- 9월 맏형 약현若鉉 사망.

❖ 1822년(순조 22) 甲子, 61세
- 여름 4월 15일 학연學淵이 대림을 데리고 춘주에 가서 며느리를 맞아올 때 작은배를 꾸미고 협중으로 들어갔다. 이때 고기잡이 배를 구하여 마치 집처럼 꾸미고 그 문미門楣에다가 '산수록재山水綠齋' 라는 편액을 직접 써

서 걸고, 좌우 기둥에 한쪽은 '張志和苕雪之趣(장지화가 초삽에 노닌 취미)', 또 한쪽은 '倪元鎭湖泖之情(예원진이 호묘에 노닌 정취)'라 썼다.

- 4월 15일 갑인. 일찍 일어나 발선發船하여 남자주에 배를 대놓고 노와 닻줄을 손질한 다음. 공달담孔達潭에 이르러 황공탄惶恐灘에 올라 호후판虎吼阪에서 잤다.

- 회갑을 맞아 스스로 '자찬묘지명'을 짓다. 이가환·권철신 등 신유박해 때 사형당한 남인들의 묘지문도 짓기 시작했다.

❖ 1827년(순조 27) 己未, 66세
- 대리청정하던 효명세자(孝明世子; 익종)가 정약용 등을 등용하려 하자 윤극배(尹克培)가 상소해 정약용을 무함했으나 무고로 드러났다.
- 백아곡(白雅谷; 검단산 북록)에서 오엽정(五葉亭)을 지어놓고 人蔘 농사를 짓다.

❖ 1829년(순조 29) 己未, 68세
- 영명위 홍현주 마현으로 정약용 방문

❖ 1830년(순조 30) 丙辰, 69세
- 효명세자가 위독하자 정약용을 부호군에 단부單付해 약을 쓰게 했으나 조제하기 전에 효명세자가 사망했다.
- 여름 영명위 홍현주 초청

◈ 1831년(순조 31) 70세

  - 영명위永明尉 홍현주洪顯周와 교유

  - 정약용의 집 두릉원杜陵園에서 노·소론 명가들과 함께 하는 두릉시사杜
    陵詩社(또는 洌上詩社)를 결성.

◈ 1834년(순조 34), 73세

  - 『상서고훈尙書古訓』과 『지원록知遠錄』을 개수해 21권으로 합편合編함. 순
    조가 위독하자 다시 부름을 받았으나 대궐에 도착하기 전 순조가 사망
    했다.

◈ 1835년(헌종 1), 74세

  - 우두신방牛痘新方 시수 실시

◈ 1836년(헌종 2), 75세

  - 2월 22일 진시辰時에 마현 자택 정침正寢에서 조용히 세상을 떠남, 이날은
    풍산 홍씨와 결혼한 지 60주년이 되는 회혼일이다.

  - 음 4월 1일 여유당 뒷동산, 현재 남양주시 조안면 능내리에 안장됨.

◈ 1838년(헌종 4)

  - 6월 부인 풍산 홍씨 사망.

✤ 1839년(헌종 5)

- 정하상丁夏祥 처형천주교 신자

✤ 1840년(헌종 6)

- 풍석 서유구徐有榘 마현 입향入鄕

✤ 1880년(고종 17)

- 독립 운동가 백암 박은식朴殷植, 정약용의 제자인 신기영申耆永과 정관
  섭丁觀燮을 마현으로 찾아와 정약용의 경세치용과 이용후생의 실학을
  수학함.

✤ 1882년(고종 19)

- 『여유당전서與猶堂全書』가 전부 필사되어 내각에 수장.

✤ 1855년(고종 22)

- 정학유(二男) 사망.

✤ 1910년(순종 4) 7월 18일

- 정이품正二品 정헌대부正憲大夫 규장각奎章閣 제학提學을 증직하고 시호를
  '문도(文度-博學多識하니 文이요, 心能制意하니 度)'라 함.

❦ 편집 후기

1. 2008년 1월 1일자로 풍양문화연구소가 다산문화연구소로 개편됨에 따라 풍양문화시리즈가 다산문화시리즈로 계속하여 발간하게 되었습니다.

2. 이 책은 다산문화연구소/남양주타임즈 공동기획으로 남양주타임즈에 연재했던 열수 정약용 선생과 관련된 원고만을 선별하여 학생과 일반인에게 널리 알리기 위해 남양주역사기행 II『열수와 마현』으로 발간하게 되었습니다. (역사기행 번호는 남양주 타임즈에 기고한 연재순서를 의미합니다.)

3. 남양주역사기행 II『열수와 마현』은 정약용 선생에 관한 기존 저작물과는 달리 정약용 선생의 고향 '마현'에서 벌어진 일화와 인간적인 면모를 일반인들에게 알리려 기획되었습니다.

4. 바쁘신 가운데도 표지디자인과「독백탄도」모사도,「초상연파조수지가」삽화를 그려주신 강성남 화백께 지면을 통해 감사드리며, 사진을 제공해준 김준호, 이덕범군과 책발간에 협조해주신 모든 분들께 감사의 말씀을 전합니다.

5. 남양주타임즈와 다산문화연구소와 앞으로도 남양주역사기행 연재를 계속하여 책으로 엮어 출판하려고 합니다. 남양주시민 여러분들의 관심을 부탁드립니다.

6. 끝으로 어려운 경제여건 속에서도 다산문화시리즈를 계속하여 출판해주신 경인문화사 한정희 사장님 이하 관계자 여러분에게 진심으로 감사를 드립니다.

필 자

윤종일 서일대학 민족문화과 교수, 다산문화연구소 소장

임병규 한국탁본자료박물관 관장, 다산문화연구소 편집위원장

사 진

심혜정 전주대학교 영상예술학부 겸임교수

편집위원(가나다順)

김희찬 경희대학교 교수, 경희대 중앙박물관 학예연구실장

나호열 경희대학교 사회교육원 주임교수

안태호 와부조안소식 발행인

윤종일 서일대학 민족문화과 교수, 다산문화연구소 소장

임병규 한국탁본자료박물관 관장, 다산문화연구소 편집위원장

정명현 남양주타임즈 발행·편집인

조세열 (사)민족문제연구소 사무총장

다산문화연구소
다산문화 시리즈 07

인 쇄 2010년 3월 10일
발 행 2010년 3월 15일
필 자 윤종일 임병규
사 진 심혜정
발행인 한정희
발행처 경인문화사
등록번호 제10-18호(1973. 11. 8)
편 집 신학태 김지선 문영주 안상준 정연규 문유리
영 업 이화표   관 리 하재일 양현주
주 소 서울특별시 마포구 마포동 324-3
전 화 02-718-4831~2 팩 스 02-703-9711
이메일 kyunginp@chol.com
홈페이지 http://www.kyunginp.co.kr

ISBN : 978-89-499-0700-0 04090
값 11,000원